güzel konuşma pratiği

CEVDET TELLİOĞLU

güzel
konuşma
pratiği

CEVDET TELLİOĞLU

TİMAŞ YAYINLARI

Bu kitap
***Osman Okçu**'nun yayın yönetmenliğinde,*
***Nihat Vuran**'ın editörlüğünde*
yayına hazırlandı.
*Kapak tasarımı **Kenan Özcan***
tarafından yapıldı.
*Kapak baskısı **Seçil Ofset**,*
iç baskı ve cilt işlemleri ise
***Tavaslı Matbaacılık**'ta gerçekleştirildi.*
14. baskı olarak 2002 Ocak ayında yayımlandı.
Kitabın Uluslararası Seri Numarası
(ISBN) : 975-362-099-3

***İrtibat** : Ankara Caddesi. No.: 50*
Eminönü / İstanbul
***Yazışma** : P.K. 50 Sirkeci / İstanbul*
***Telefon** : (0212) 665 35 56 - 57*
***Faks** : (0212) 664 77 97*

www.timas.com.tr
timas@timas.com.tr

TİMAŞ YAYINLARI/184
BAŞARI DİZİSİ/2
KİŞİSEL GELİŞİM/2

güzel konuşma pratiği

CEVDET TELLİOĞLU

TİMAŞ YAYINLARI
İSTANBUL 2002

CEVDET TELLİOĞLU

1963'te Trabzon, Of'ta doğdu. Anadolu Üniversitesi İletişim Sanatları (Reklamcılık ve Halkla İlişkiler) bölümünü ikincilikle bitirdi. Metin yazarı ve creative director olarak hayata atıldı. Bu dönemde reklam filmi yönetmenliği yaptı. Aynı zamanda Kadıköy Tüketici adıyla bölgesel bir gazete çıkardı.

Ardından çeşitli firmalarda pazarlama ve reklamdan sorumlu genel müdür yardımcılığı ve genel müdürlük yaptı.

Daha sonra Tanıtım Reklam Pazarlama adlı aile şirketinin başına geçti. Çeşitli firmalara pazarlama reklam ve halkla ilişkiler politikalarının belirlenmesi ve yönetilmesi konusunda, danışmanlık yaptı.

Ardından İstanbul Büyükşehir Belediyesi'nde Tanıtım ve Halkla İlişkiler görevine geldi. Görevi esnasında "Beyaz Masa" modelini projelendirdi ve hayata geçirdi.

Evli ve 4 çocuk babası olan yazar, halen Tanıtım Reklam Pazarlama şirketinde yönetici olarak çalışmakta, çeşitli özel ve kamu kurumlarına Reklam ve Halkla ilişkiler konusunda danışmanlık ve eğitim hizmeti vermektedir.

Bu kitabın dışında "Kamu Kurumlarında Çağdaş Alternatif Yönetim Modeli" adlı bir eseri daha vardır.

İçindekiler

Konuşma Sırasında!..

Güzel ve Etkili Konuşamamanın Faydaları

Doğru okudunuz.

Tekrar okumanıza gerek yok. Başlık, "Güzel ve Etkili *Konuşamamanın* Faydaları".

Tereddütle de olsa, başlığı okur okumaz, "daha başında saçmalamaya başladı bu kitap. Beceriksizliğin de faydası olur muymuş?" şeklinde bir düşüncenin kafanızda belirmiş olacağını zannediyorum.

Evet. Beceriksizliğinde bazen faydası olur! Nasıl mı?

- Toplumda silik bir konumda bulunduğunuz için, hiç kimse sizi adam yerine koyup rahatsız etmez.
- Sessiz ve yüzeyden gittiğiniz için, iş noktasında mevkiniz kolay kolay yükselmez. Böylece hayatınızda asla iniş-çıkışlar olmaz. Sonuçta tekdüze yaşantının teminatı altında olursunuz.
- Etrafınızda sizi iyi bir dinleyici zanneden, (konuşmayı bilmeyen, dinlemeyi hiç bilmez) güzel konuşma sınırlarını aşmış, gevezelerden minik bir ordu meydana gelir.
- Kazara da olsa böyle bir olaya karıştığınızda, emniyet kuvvetleri "boşverin bu sünepeyi" diye, sizi merkeze götürme zahmetine bile katlanmazlar.

Daha ne olsun?

Güzel *konuşamamanın* nimetleri sizi cezbetmiş olabilir. Bu vasıflara sahipseniz, ne alâ... Değilseniz, birtakım kurallara riayet ederek, bu yeteneksizliğe kolayca ulaşabildiğinizi farkedeceksiniz.

Önemli olan, yolunu bilmek!..

Güzel Konuşamamamanın Yolları

◆ Eğer, karşınızdaki insanların, söylediklerinizin tek kelimesini bile anlamamalarını istiyorsanız, kelimelerin yarısını yutun. Amacınıza, hemen ulaşabilmenin hazzını yaşayacaksınız.

◆ Şayet, konuşmalarınız tekdüze (monoton) bir şekilde devam ediyorsa ve siz de konuşmanızı topluluk karşısında sürdürüyorsanız, arka taraflarda uyuyanlar, hayal kuranlar olduğuna emin olabilirsiniz.

◆ İki kelimede bir, "eee, aaa.." gibi harf uzatmalarını, marifetleriniz arasına kattıysanız, korkmayın. İyi konuşamamanın bu özelliğini de, iyi kullanabiliyorsunuz demektir.

◆ Dinleyicinin kafasını karıştırabilmenizin başarısı bir ölçüde, cümlenin başı ile sonu arasında, çok sağlam tutarsızlıkların olmasına bağlıdır. Bu tutarsızlığı uzun cümleler kurarak sağlayabilirsiniz.

◆ Karşınızdakilere "eee, sonra?" diye merakta bırakıp, konuşmayı katletmekse niyetiniz, başladığınız cümlenin sonunu bağlamadan, başkasına geçin. Ha gayret! Başaracaksınız.

◆ Amacınız güzel konuşamadığınızı ispat ederken, karşınızdakinin saygısını da kaybetmekse, iki cümle ile anlatacak olanı, iki yüz cümle ile anlatın.

◆ Başarısızlığı başarmanızın bir yolu da; trafik polisi gibi, el kol hareketlerinizin aşırı olmasına bağlıdır. Siz elinizi kolunuzu koyacağınız yeri unutunca, dinleyici de söylediklerinizi unutacaktır. Emin olabilirsiniz.

◆ Anlatmaya çalıştığınız konunun etrafında, sürekli dolaşın. Ama konuya asla gelmeyin. Yoksa dinleyicinizin gözünde iyi konuşamama özelliklerine sahip birisi olmaktan çıkarsınız. Aman dikkat... İşin sonunda konuşamamanın nimetlerinden olmak da var.

◆ Konuşmanıza, konuyla ilgisi olmayan bir çok öğeyi katın. Fıkra, masal bile anlatabilirsiniz ki, dinleyiciler, konuşma boyunca sizi tasdik etseler bile, sonuçta, "iyi de adam ne dedi, neyi savundu?" desin.

◆ Mümkün olduğunca sık, sesinizin tonunu değiştirin. Yerli yersiz ortaya çıkan bu anlamsızlaştırma hareketi, dinleyenlerin ilgisini dağıtmaya yetecektir.

◆ Dinleyicinin anlayamayacağı, bilmediği kavramlarla konuşun. Siz kendinizi, ulaşılmaz bilgiye sahip pozlarında görürken, dinleyici de anlamış görünsün.

◆ Dilbilgisi hataları yapın. Dinleyici böylece konuştuğunuz konu hakkında değil, yaptığınız hatalar hakkında bilgi sahibi olur. Çünkü dinleyici hatalara daha fazla ilgi gösterir.

◆ Konuşma topluluğa karşı yapılıyorsa, hazırlıksız olmayı ihmal etmeyin ki, karşınızdakiler, kendilerinden daha fazla şey bilmediğinizi anlasın. Ve sizi dinlemekten vazgeçsin. Antrede çay molasına dahil olmak için dışarı çıksınlar. Siz de amacınıza ulaşın.

◆ Karşınızdakiler, sizin bilgilerinizden emin olsalar bile, büyük bir heyecan fırtınası oluşturun. Cesaretsizliğiniz, bilginizi ve konuşmanızı örtsün. Böylece, çabuk bitirme şansını kazanırsınız.

◆ Bitkinliğiniz yüzünüzden okunsun. Göreceksiniz ki bu durumda, dinleyen de sizden bıkacaktır.

- Ya mırıl mırıl mırıldanarak konuşun veya mızmızlanarak. Dinleyici kendi dünyasındaki sinekleri kovalarken, siz de başarısız konuşmaya iyi örnek olursunuz.
- Konuşurken öylesine bağırın ki, gören "Nisan şiiri" okuyorsunuz sansın.

İyi şanslar!..

Güzel konuşamama nimetlerinden faydalanmak isteyen okuyucuya not:

Bundan sonrasını okumanıza gerek yok. Anlattığımız örneklerin çoğunu tatbik ettiğinizi belki de farketmişsinizdir. Eksiklikleri giderme şansına da şimdi sahip oldunuz. Hayatta başarınızın (!) devamını dilerim.

Peki, Ya Konuşabilmek...

Güzel Konuşabilmenin Ne Önemi Var?

Kitabın bu sayfalarına geldiğinize göre, artık kesin kararlısınız. Güzel konuşamamanın nimetlerinden yararlanmayacaksınız.

Öyleyse, derdini istediği gibi anlatabilen, toplumda bir yer edinenlerden olun. Şu ya da bu sebeple ama sonuçta, konuştuğu, fikirlerini açıkladığı için eleştirilen, rahatı bozulan bir insan olacağınız inancına da kendinizi şimdiden alıştırmaya başlasanız iyi olur.

Ve bütün bunların ışığında, 'güzel konuşma önemli midir, gerekli midir?' diye bir soruyu kendinize yöneltin. Cevabınızı, önemli yazıları not aldığınız (böyle büyük bir defteriniz yoksa hemen edinin) defterin başına yazın.

Sen de Bir Satıcısın

"Kim ve ne olursanız olun yaşıyorsanız, artık siz de bir satıcısınız. Bu, size kalmış bir seçenek değildir".

Mühendis, müdür yardımcısı, fabrika yöneticisi, marangoz, kimyager, stilist ya da başkan yardımcısı olabilirsiniz. Bunların hiç önemi yok. Siz, yine de bir satıcısınız.

Her Allah'ın günü, bütün gün boyunca diğer insanlara kendi fikirlerinizi, şirketinizin veya başkalarının fikirlerini satıyorsunuz.

Bu işi beceriyle veya kötü bir şekilde, bilinçli olarak veya farkına varmadan, başarıyla veya yüzünüze gözünüze bulaştırarak yapabilirsiniz. Ama yine de satarsınız. Hem de sürekli... Bu satışı da konuşarak gerçekleştiriyorsunuz.

Eğer bilinçli ve başarılı satış yapıyorsanız, konuşamayanlardan olmadığınızın farkındasınız demektir. Fazlaca aksilikler oluyorsa, eksikleriniz var demektir. Tamamlayın!..

Yok eğer bunun tersi doğruysa sen, güzel konuşamayanlardansın. Acilen bunu gidermen gerekli. Çünkü sen de bir satıcısın.

Eğer iyi satarsan, alıcın da senin satışına cevap verecektir.

Güzel Konuşmak
Güzel Konuşabilmek

Güzel konuşma konusunda verdiğim seminerlerin birinde, güzel ve etkili konuşabilmenin özel bir yetenek işi olmadığını, aksine çalışılarak kazanılan bir beceri, bir sanat olduğunu belirterek: "Çok isterseniz etkili ve güzel konuşabilirsiniz" dediğimde, bir dinleyicim karşı çıkmıştı. Fiziksel konuşma özrü olmayan bu dinleyicim, başından geçen bir olayı (utana-sıkıla, uzata uzata da olsa) "konuşarak" şöyle dile getirmişti:

—"Arkadaşlarla toplanmış, bir konuyu tartışıyoruz. Kantinde başka öğrenciler de vardı. Bir süre sonra, aramızda tartıştığımız bu konuya, diğer masaya oturanlardan da katılanlar oldu. İşte ne olduysa ondan sonra oldu. Yanlış düşünüyordu ve ben doğrusunu biliyordum. Ama anlatabilecek cesaretim kalmamıştı. Oysa biraz önce rahat konuşuyordum. Tanımadığım insanlar konuya dahil olunca tedirgin oldum. Yarım yamalak konuşmaktan korkuyordum. Yanlış anlaşılmaktan korkuyordum. Konuştukça laflar boğazımda düğümleniyordu. Bildiklerimi gerektiği gibi anlatamadım. Yani istediğim gibi ***konuşamadım.*** Siz de tutmuş, güzel konuşmak özel bir yetenek işi değil diyorsunuz".

Soru: "Siz de aynı şekilde mi düşünüyorsunuz?"

Cevap: "Evet!"

Eğer cevabınız buysa, size şu haberi verebilirim. Bu dinleyicim bugün seminerlerde başkanlık yapıyor.

Neden siz de onun gibi konuşamayasınız?

İş ki, önce kendinizi tanıyın.

Kendini Dinle

Hatalarınızı, eksiklerinizi, ancak kendinizi iyi dinleyerek ya da, başkasının sizi dinlemesi ile, ortaya çıkarabilirsiniz. İlk iş olarak sesinizi banda kaydedip sonra kasetçalardan dinleyin. Sesinizin tonu, kullandığınız kelimeler sizi ilk seferinde rahatsız edecektir. Çünkü kendinizi başka yerden hiç dinlemediğinizden, o ses size yabancı gelecektir. Önemli değil. Önemli olan dinlerken, yanlış ve eksikleri görmemezlikten gelmemektir. Kendinizi eleştirerek dinlemenizdir. Böylece konuşma hataları yapıp yapmadığınızı farkedebilirsiniz. Probleminizi bilirsiniz. Emin olun bu problemi bulup hallettiğinizde güzel ve etkili konuşmaya başladığınızı hissedeceksiniz. Veya size hissettireceklerdir. Başkası sizi dinleyip eleştiriler yönelttiğinde de kızmayın. Başarmanın yolu bu çünkü. Eğer böyle bir denemeyi yaptıysanız ve pek probleminiz olmadığını farkettiyseniz, aman bu kitapla vakit kaybetmeyin. Hayatta öğrenilmesi gereken çok konu, aktarılması gereken çok mesaj var.

Güzel Konuşmayı Etkileyen Problemler Tablosu

Verdiğim seminerler süresince gördüm ki, konuşma problemleri genelde, aynı maddelerden oluşuyor. Yani, dinleyiciler ortak problemlerini (tabi ki yazılı olarak) bir güzel maddeleştiriyorlar.

Şöyle ki;

- Konuya bin dereden su getirip, öyle başlayabiliyorum. Bu da dinleyicinin ilgisini dağıtıyor. Yani, nasıl başlayacağımı pek kestiremiyorum.
- Karşımdaki insanların seviyesine göre konuşamadığımı, konuşma bittikten sonra anlayabiliyorum.
- Dinleyenlerin ilgisini çekmeye çalışıyor, fakat bir türlü beceremiyorum. Bazen öyle aşırı oluyor ki, ilgi çekmek için yaptığım bir harekete gülüyorlar. Ben de şaşırıyorum.
- Bilgi birikimim yoksa ne yapmalıyım? Yani aniden konuşmak zorunda kalırsam, nasıl bir yol izlemeliyim?
- Konuşurken heyecanlanmamak ya da heyecanımı yenmek için ne yapmalıyım?
- Konuşurken kendimi diken üstünde gibi hissediyorum. Rahatlamak için ne yapmalıyım.

- Konuşma esnasında, genelde metne bağlı kalıyorum. Kafamı kağıttan kaldıramıyorum. Böylece, dinleyiciyi etkileme şansımı kaybettiğimi sanıyorum.
- Kafamdakileri sıralarken, konu bütünlüğünü kaybediyorum. Bazen de konuşma esnasında, ne söyleyeceğimi unutuyorum. Konuya hakim olamıyorum.
- Konuşmada çok örnek veriyorum, dinleyiciler sıkılıyor. Ama düzeltemiyorum.
- Bir gruba karşı konuşurken de, şahsa karşı konuşurken de aynı şekilde konuşuyorum. Uslûbu ayırt edemiyorum. Ya da böyle bir ayrım gerekli mi?
- Konunun yarısına kadar iyi geliyorum. Ondan sonra, hakimiyeti kaybediyorum.
- Arkadaşlar arasında rahatça konuşuyorum. Fakat, iş grup karşısında konuşmaya gelince, iyi bildiğim konuyu bile, anlatamıyorum.
- Yeterince hızlı konuşamıyorum.
- Yeterince yavaş konuşamıyorum.
- Etrafımdakiler sözümü kesince, konu değişiyor ve bir daha asıl konuya geçemiyorum. Zaman da geçmiş oluyor. Hiç birşey anlatamadan da konuşmam bitiyor.
- Bir gruba karşı iyi bir konuşma yapıyorum. Aynı konuşmayı başka bir ortamda başka bir gruba karşı yapamıyorum.
- Nasıl bir sıra ile konuşmaya devam edeceğimi bilemiyorum.
- Bazen iyi, bazen kötü konuşuyorum.
- Dilim sürçüyor. Akıcı konuşamıyorum.
- Konuşma konusunu, önceden nasıl hazırlamam gerektiğini bilmiyorum.
- Topluluğun karşısına geçince söyleyeceklerimin hepsi kayboluyor. Tıpkı sınav esnasında, çalıştığı konuyu unutan öğrenci gibi oluyorum.
- Benim gibi düşünenlerle beraberken iyi konuşuyorum. Farklı düşünen insanların yanında ise, konuşamıyorum.

- Kelimeleri yuvarlıyor, düzgün cümle kuramıyorum.
- Grup karşısında konuşurken, terliyorum. Bu, özellikle herkes tam anlamıyla susunca oluyor.
- Sürekli dikkati sağlayamıyorum. Dağılınca da ne yapacağımı bilmediğimden, bir türlü toparlayamıyorum.
- Anlatmak istediğim fazla, ama bilgim az. Bilgimin azlığını da, konuyu anlatmaya başlayınca farkediyorum.
- Kitleye karşı konuşma deneyiminden yoksun olduğumdan, ne yapabileceğimi bilmiyorum.
- Konuşmaya başlayacak cesaretim yok.
- Dinleyici kitlenin tepkisi, konuşmanın seyrini değiştiriyor. Heyecandan ne yapacağımı şaşırıyorum.
- İlginin kesildiğini görünce, kalan zamanımı hızlı hızlı geçip, konuşmamı bitiriyorum.
- Dinleyicilerin bakışları beni çok etkiliyor. Konuşurken boğazıma birşeyler düğümleniyor.
- Konuyu gereksiz şekilde uzatmaktan, kendimi alamıyorum.
- Konuşma yapmak istiyorum ama, konu belirlemekte sıkıntı çekiyorum.
- Tartışmalarda nefesim yetmiyor. Karşıdakine laf yetiştiremiyorum.
- Kimlerle tartışırsam başarılı olurum? Yani hangi tip insanlar, benim anlatacaklarıma açık olur, bilebilir miyim?
- Tartışmalarda nelere dikkat etmeliyim?
- Münazara esnasında tahrik edilirsem, aynı uslûpla cevap vermeye çalışıyorum. Bu da kaybetmeme sebep oluyor.
- Karşıt fikirlerde olan insanlara karşı, konuşma veya tartışma esnasındaki tavrım ne olmalı?
- Yanlış anlaşılmak ve yönlendirmektense, konuşmamayı tercih ediyorum.
- Konuşma süremi ayarlayamıyorum.

- Yüz hareketlerimi, el kol hareketlerimi bir türlü kontrol altına alamıyorum. Ya da öyle zannediyorum.
- Ses tonumu kullanmayı beceremiyorum.
- Mikrofon ile nasıl konuşmam gerektiğini bilmediğimden, çağırsalar da çıkmıyorum. Fakat, mikrofon yoksa konuşabiliyorum.
- Kısa zamanda sonuç alamayınca, sinirleniyorum.
- Tartışırken etrafimdakileri hep susturuyorum. Bu etkili oluyor mu?
- Konu dışı şeylerden örnek vererek dinleyicileri dinlendirmek istiyorum ama kafaları karışıyor.
- Konuşma amacımdan sürekli sapıyorum. Dinleyiciler, beni yönlendiriyor.
- Sesimle duygu ve düşüncelerimi aktarmayı beceremiyorum. Duygularımı ses tonuma yükleyemiyorum.

Kasetçalardan, ya da başkalarının eleştirileri ile siz de, konuşma problemlerinizi ortaya çıkartın. Kendinize karşı kendinizi dinlerken dürüst olun.

Neden Konuşmakta Güçlük Çekiyoruz?

Eğer konuşmakla ilgili fiziksel bir probleminiz yoksa tek cevap, ***konuşmadığınız*** için olacaktır. Bu sebeple neden konuşmadığınızın cevabını arayın.

Muhtemelen yetişme biçiminizle ilgili olduğu sonucuna varacaksınız. Düşünün: Çocukken evdeki büyüklerinize bir fikir beyan etseniz, onların yanlışlığını belirtseniz cevap, "Sen sus. Sen anlamazsın. Daha küçüksün."

Okulda öğretmeninize birşey söylemeye kalksanız cevap, "Büyümüş de küçülmüş. Hele öğren de ondan sonra..."

Çalışırken amirinize birşey söyleseniz tepki, "Bu kadar yıllık tecrübemiz var. Sana mı sorduk?"

Yaşarken "Niye?" deseniz, "Sesini yükseltme, düzen sarsılır! O sarsılırsa, ben de seni sarsarım. Eeee... Bu cevaplarla büyüdünüz muhtemelen!..

Şimdi ben sorarım size: 'Güzel'ini boşverin de '*Acaba neden konuşmuyoruz?*'un cevabı belli değil mi?

Halbuki konuşan millet daha makbuldür deniyor arenada. Baskının olduğu yerde, yalnızca güzel konuşanları taklit edenler olur.

Konu Çeşitlemeleri

Günlük Ortam Konuşması

"Eee, daha daha ne var ne yok!?.." Konu yokluğu çekildiğinde ortamı oluşturan bireylerin taşıma suyudur, bu cümle. Böyle başlar genelde günlük konuşmalar. Belli bir amaç ile başlamaz, fakat sonradan konular gelişir, bazan önemli hedeflere yönelir.

"Eee, daha daha ne var yok?" ile konunun açıldığını varsayın. Ondan sonra susturabilene aşk olsun oradakileri. Dünyanın güçler dengesinden, üniversiteli genç kızların başörtüsü meselesine.. Atom başlıklı füzelerin yapımından, bozuk bir saatin en küçük çarkına kadar.. Daha neler, neler...

Konuların, fıkralarla, yaşanmış örneklerle, espirilerle canlandırıldığı bir konuşma tarzı; herkesin çok iyi bildiği ve kullandığı tarz.

Genelde, bir çok problemin gündeme getirildiği, halledildiği ve herkesin en rahat kullanabildiği bir tarz, "Eee, daha daha ne var ne yok?"la başlayan...

Dün Dündür

Hani o “Gerçeği, doğruyu söyleyeceğine, memleket ve millet için çalışacağına” dobra dobra millet önünde söz verenlerin tarzı... Ankara'ya deniz götürebileceklerin tarzı... Hani “Dün öyleydi de öyle dediydim. Bugün böyle, böyle diyorum” diyenlerin... Zamana ve zemine göre omurgasızların hareketlerini, diline uyarlayanların tarzı...

Eğer önemli biri değilseniz, bu konuşma çeşidi sizi dünyanın en aşağılık, dolandırıcı insanı yapar diğerlerinin gözünde. Ama önemli bir şahsiyetseniz başka... Toplum her zaman sözlerinize farklı anlamlar yükleyerek sizi aklamaya hazırdır.

Bu da öyle bir tarz işte!..

Nokta ve Virgül İnceleyenler

"Sanık ayağa kalksın!.."

Anayasanın filan maddesinin, falan paragrafının, X bendinin Z'inci fıkrasına göre..."

Kimi, nokta ile virgülü inceleyerek hükme varır bu metodla. Kimileri bu metodu iyi bilir, konuşmalarını ona göre ayarlar. Yani anayasanın filan maddesinin, falan paragrafının, X bendinin z'inci fıkrasına pek değmeden aralarından dolaşır. Sonuçta: "Sanık ayağa kalksın..." ibaresiyle karşılaşmaz ya da, ayağa kalktığında elini kolunu sallayarak, salondan çıkar.

Aman yorumlara dikkat...

Bu tarz, konuşma kurallarının yanı sıra, kanun maddelerini de iyi bilmeyi gerektirir. En azından kendi konusu ile ilgili olanları...

Önceden incelemeyi, araştırmayı gerektirir bu tarz. Yoksa ya disiplin kurulunun falan maddesine, ya da başkalarının filan maddelerinden birisine etekleriniz dolaşıverir.

Mahkemeler, disiplin kurulları, bu konuşma türünün en iyi laboratuvarlarıdır.

İnceleyin!.. Umarım, yalnızca seyirci olarak.

Görüşme

Gerek bir konuşmaya hazırlanmak, gerekse başka bir sebeple, herhangi bir konuda bilgi almak için yapılan karşılıklı konuşma. Mülâkat, heyecanını yenen, sıkılganlığı ortadan kaldıran önemli bir biçimdir. Bu yolu sık kullananlar, güzel konuşma kurallarını, hayatına daha kolay tatbik edebilirler. Mülâkatta dikkat etmeniz gereken bazı hususlar vardır. Görüşme yapmak istediğiniz kişiden randevu almayı, randevuya sadık kalmayı ihmal etmeyin. Soruları önceden hazırlayın, teşekkür etmeden mülâkatı bitirmeyin.

Nutuk

Düşünce, duygu ve istekleri geniş kitlelere aktarmak ve onları yönlendirmek için kullanılan bir konuşma türüdür nutuk.

Bu konuşma biçiminin en önemli özelliği, sadeliğidir. Çünkü amaç, dinletmek, heyecan var etmek ya da var olan heyecanı artırarak motive etmektir.

Konuşma kurallarını iyi kullanan insanların bu tür ile geniş kitleleri sürüklediğini unutmayalım.

Konferans

Hemen her yerde karşılaşabileceğimiz genel bir tarz, konferans. Gayesi, heyecanlandırmak, bir aksiyon oluşturmak, kamuoyu meydana getirip birşeyler elde etmek için birleştirmekten öte, fikir beyan etmektir. Beyan edilen fikrin de savunuculuğunu yapmak, yine konuşmacıya düşer.

Bazı konferansların sonu, soru-cevap biçiminde bağlanır ki, bu konferans, foruma dönmüş demektir. Genel anlamıyla konferansta konuşmacı, "Ben böyle düşünür, bunu savunurum. Senin düşüncen ne olursa olsun" demek için kürsüye çıkar, denilebilir.

Açık Oturum

Geniş bir kitleyi ilgilendiren, güncelliği olan, ya da oldurulan bir konunun, birkaç konuşmacı (beşi aşmaması kaydı ile) tarafından ortaya konması şeklidir.

Genelde konuşmacılar, konu ile ilgili önemli şahsiyetlerden oluşturulur. Ancak, bunun bir kanun olduğunu da söylemek istemiyoruz.

Grup Tartışması

İki ekip ya da iki kişinin ayrı ayrı savundukları fikirlerin karşılıklı tartışılması. Konuşma kuralları dahilinde yapılan bu tartışmada amaç, üstün gelmek değil, doğruya ulaşmaktır. Tartışma bir hakem tarafından yürütülür ve sonuçlandırılır. Eğer sonuç iki taraf içinde (ben yine de böyle düşünüyorum) şeklinde gerçekleştiyse (ki, genelde böyle olur) başlanılan yere dönülmüş demektir. Ortada kalansa, güzel bir konuşmadır.

Panel

Herhangi bir konunun, çeşitli yönleri ile ortaya konmasının, değişik konuşmacılarla gerçekleşmesi. Başkan nezaretinde ve sohbet havası içerisinde, dinleyiciler önünde gerçekleştirilen bir konuşma türüdür.

Sempozyum

Aynı konunun, değişik kişiler tarafından ve farklı yönleri ile, dinleyiciye aktarılması tarzıdır. Bu tarzda her konuşmacı diğerinden bağımsız olarak, konuyu ele alır ve aktarır.

Forum

Toplantıya katılanların söz alabildiği aktivitede, belli bir konu üzerine konuşmak üzere yapılan toplantılara *'Forum'* denmektedir. Değişik uygulamaların da yapıldığı gözlemlenmiştir.

Münazara

Bir konunun farklı görüşü olan gruplarca savunulup tartışıldığı konuşma biçimidir.

Gruplar konu hakkındaki düşüncelerini lehte veya aleyhte olarak bildirirler. Konuşma kuralları çerçevesinde bu toplantı da gerçekleşir.

Tirat

Tiyatro sahne sanatçısının, seyirci karşısında uzun uzun hitabı, bu tarza verilen adın sebebidir.

Dialog

İki tiyatro sanatçısının, sahnede karşılıklı olarak konuşması, tarzıdır. Ancak dialog terimi, günlük hayata da, iki kişinin konuşması olarak geçmiştir.

Monolog

Yaşamın ilginç yönlerinin, tek kişi tarafından konuşma ile resmedilerek, seyirciye aktarılması. Daha öz anlamı ile 'tek kişilik tiyatro' denilebilir.

Konuşma Şekilleri

Hazırlıksız Olmak

Bazı durumlarda gafil avlanabilirsiniz. Sizi birkaç söz söylemek için mikrofon başına çağırabilirler. Şüphesiz ki bu durumda "Elektrikler kesikti, çalışamadım..." diyemezsiniz. Çıkıp birşeyler söylemek zorunda kalırsınız.

En iyisi hemen zaman öteleme taktiğini kullanın. "... Bey'den sonra çıkayım", "Üç-beş dakika müsade edin yerleşeyim, sonra çıkarım" gibi kibar yaklaşımlarla bunu sağlayabilirsiniz.

Ama bu üç-beş dakikayı çok iyi değerlendirin. Konu ile ilgili düşüncelerinizi planlayın. Önemlilerini not alın. Şu planla konuşmaya çıkın:

- Konuşulan konu nedir?
- Konu ne kadar anlatıldı?
- Konu buraya nasıl geldi?
- Bu konuyla ilgili ben ne söylemeliyim?

Böylece mini bir planla kürsüde ne kadar rahatlayacağınızı göreceksiniz.

Ezbercilik

Konuşmanın ezberlenmemesi gerektiği konusunda hemfikir olduğumuzu zannediyorum. Çünkü:

- Konuşmasını şiir gibi ezberleyerek sunan bir konuşmacının etkili olması beklenemez.
- Ezberleyen bir konuşmacı, gerektiğinde dilini değiştiremez.
- Unutma kaygısı ile, duraklama yapıp dinleyiciyi takip edemez.
- Vücut dilini gerektiği gibi kullanma imkanından yararlanamaz.

Sonuçta dinleyici konuşmacıdan uzak kalır. Konuşmacı da dinleyiciden.

Okuyarak Konuşmak Zorunda Olmak

Herhangi bir konuyu prova yapma zamanına sahip olmadan aktarmak durumundaysanız, konuşmanızı bir metinden kelimesi kelimesine okuyabilirsiniz. Tıpkı haber spikeri gibi... Fakat dinleyici, haber spikerinin okumasını doğal karşılar ama, sizinki için aynı garanti verilemez. Fakat metne bağlı konuşmaya mecbursanız, bazı kurallara uymayı ihmal etmeyin ki etki artsın;

- Başınızı mümkün olduğunca kağıttan kaldırıp dinleyicileri takip edin.
- Metni monoton bir şekilde okumayın. Dilinize canlılık verin.
- Okuma hızınız dakikada 115 kelimeyi geçmesin.
- Zaman zaman durun. Duruşunuzu değiştirin.
- Okuduğunuz sayfaları, dinleyiciye sesini ulaştırmadan kenara koyun.
- Kafanızı kağıdın üzerine kapatmayın.
- Başınızı mümkün olduğunca kaldırın.
- Mümkünse eğimli bir masaya kağıtları koyun, oradan hitab edin.

Mikrofonda Konuşmak

Bazı insanlar toplum önünde çok rahat konuştukları halde mikrofon karşısında dilleri tutulur. Adeta mikrofon fobisine yakalanırlar. Böyle bir durumla karşılaşmamak için bazı kaideler vardır. Bunlara uyun;

- Konuşma yapacağınız yerdeki mikrofonla konuşma yapmadan önce tanışın. Onunla konuşun. Muhabbet edin.
- Küçük bir metni mikrofonla prova edin.
- Mikrofonda ses tonu ve tınısını önceden ayarlayın.
- Mikrofonla konuşurken, ışığın engellemesi sebebi ile dinleyiciyi görmeseniz de, görüyor gibi tarayın.
- Konuyu iyi bildiğinizi unutmayın.

İyi Bir Konuşmada Dikkat!...

İyi Bir Konuşma İyi Bir Konuşmacı Demektir

Sabahtan akşama kadar, binlerce mesaj ile bombardıman edilen insan beyninde bir iz bırakmak istiyorsanız...

Değiştirmek, yönlendirmekse amacınız... En azından başkalarınca dinlenebilen bir kişi olmak isteğindeyseniz, bazı kurallara uyup uymadığınızı hemen kontrol edin. Bu iş için, gerekli olan özelliklere, sahip olup olmadığınıza bakın.

Eğer, bu özellikleri kendinizde bulamıyorsanız, konuşma kurallarına uymadığınızı farkettiyseniz, hemen edinmeye bakın. Başta da dediğimiz gibi, önce kendinizi tanıyın. Çünkü iyi konuşma için önce, iyi konuşmacı olmak gerekli ön şarttır. Lütfen dikkat!..

İyi de, nasıl ve neye dikkat?

Konuşmanın Başı: Ben...

"Eğer, hadiseler karşısında gösterdiğiniz tepkilerin farkında değilseniz, bugünden itibaren, kendinizi izlemeye başlayın. Yaşadığımız an ile ilgili bedensel farklılıkları mutlaka değerlendirin. Çoğu insana önemsiz gibi gelen bu konu, gerçekte başarının başlangıç anahtarıdır".

Gerek ailede, gerek okulda veya iş çevresinde, yılların peş peşe, üst üste ekleyip kişiliğinizi oluşturduğu yapının, önce farkına varın. Sürekli baskı yapılan bir ortamda yetişdiyseniz bunun suskunluğunu; çok serbest bir ortamın yetişkiniyseniz, bunun şımarıklığını atmak ya da kontrol etmek durumundasınız.

Eğer etmezseniz ne olur? Konuşmaya başladığınızda, elinizin titrediğini, sağa sola salladığınızı, baş ağrılarınızın başladığını, ya da çekindiğinizi, yüzünüzün gerildiğini hissedersiniz... Bütün bunlar, zamanında kendinizi tanımak için harekete geçmemenizin sonucu olacaktır. Emin olabilirsiniz.

Olumlu Bir İlk İntibâ Oluşturun

"Adamı ilk görüşte beğendim. Oturaklı, ne söylediğini bilen birine benziyor."

İlk defa karşılaştığınız halde, hakkında böyle düşündüğünüz insanları bir tahlil edin. Yani ilk görüşte sizden olumlu not alanları. Tavırları, bakışları bir yana, onların saçından elbisesine, ayakkabısına kadar düzenli ve tertipli olduklarını farkedeceksiniz.

Düzgün, temiz, ayıpsanmayacak bir kıyafet, taralı saç; sizin konuşmaya başlamanıza yardımcı olacak, sizi destekleyecek önemli unsurlardır.

Yapacağınız konuşmanın etkili olmasını istiyorsanız ilk intibanın gerekliliğini ve gereklerini yerine getirmeyi unutmamanız şarttır.

"Kişiler, kıyafetleri ile karşılanır, bilgileri ile uğurlanırlar" şeklindeki sözü unutmamak gerekir.

Eğer dinleyicide olumlu bir "ilk intiba" bırakabildiyseniz, konuşmanıza güvenle başlayabilirsiniz.

Ortak Bir Konudan Yola Çıkın

Etkili konuşmanın ya da konuşarak etkilemenin bir özelliği de ortak konuyu bulup ona yönelmektir.

İki ayrı insan düşünün. Birisi Botanik profesörü, diğeri de, sabah akşam kuzu otlatan bir çoban olsun. Bu iki insanın anlaşabilmeleri, ortak noktaların ve ilgi alanlarının varlığına bağlıdır, denebilir.

Çobanın ilgi alanı: Hayvanlar, bitkiler, çiftçilik ve ibadet olduğunu varsayalım.

Profesörün ilgi alanı: Sanat, matematik, botanik, ibadet, ingilizce olsun.

Bu iki insanın iletişim kurmaları, ortak konulara yönelmeleri ile sağlıklı olur. Buna göre profesör ve çobanın iki ortak konusu var olduğu ortada:

1. Bitki
2. İbadet

Bu iki insanın, bitki ve ibadet konusunda, bilgi birikim düzeyleri farklı olabilir. Ancak yüzeysel de olsa ortak ilgi alanı, sağlıklı iletişimin başlangıcı için yeterli olacaktır. Çünkü konuşacak ve dinleyecek olan iki kişiyi de ilgilendiren, bir konuşma konusu var. Gerek profesör çobanı, gerekse çoban profesörü, bu konudan yola çıkarak etkileme şansına sahip.

Bu örnekten yola çıkarak karşınızdakilerle ortak noktanızı bulup, konuşmanızı bu noktadan hareketle yönlendirin. Zorlukların biri daha bu şekilde aşılacaktır.

'İyi Biliriz' Diye Şahitlik Ederler mi?

Musalla taşının üstünde iken, etraftakilerin cevabı gibi cevap değil tabîki:

"İyi biliriz."

Aktif insana karşı olan inanırlılığın ve güvenirliliğin cevabı olmalı. Burun kıvırarak değil, kalpten söylenmesi gerekir sizin için; "İyi biliriz". İşte o zaman, iyi konuşmaya başlarsınız, anlattıklarınız tesir eder.

Çünkü "iyi biliriz" aynı zamanda, *dinleriz* manasını da içinde taşır. Bundan da iyi bilinen sizin "inanılır, güvenilir, sevilir, saygın" biri olduğunuz sonucuna ulaşılır.

Siz siz olun;"İyi bilinin, iyi olun".

İyi Bilinmenin Yolları

1- İnanırlık:

Eğer inanılır bir kaynak durumundaysanız, hedefte tutum, davranış, kanaat değişimi sağlama özelliğine diğerlerinden daha fazla sahipsiz demektir. Günlük hayatınızı iyi gözlemlerseniz, bu konuyla uğraşan bilim adamlarının bu yöndeki tespitini, siz de kolayca farkedebilirsiniz.

2- Saygınlık (Prestij)

Saygınlık genel bir özelliktir. Daha ziyade konuşmacının anlattıkları konusunda uzman olup olmadığı ve dinleyicinin konuşmacıya hürmet derecesiyle ilgilidir. Vardığı kesin sonuç; konuşmacının saygınlığı ile, dinleyicide oluşturulan tutum değişiminin, doğrudan ilişkili olduğudur. Yani yüksek saygınlığı olan kaynaktan gelen iletişim daha kolaylıkla kabul edilebilmektedir.

Mesela;

Güzel konuşma seminerlerinden birinde, dinleyicilere, (ki bunlar dinin gereklerini yerine getiren insanlardı), güzel konuşmanın gerekliliği hakkında, söylenmiş bir söz aktarmıştım. İkinci seminerde sordum. Kimse ne sözü ne de gereklerini tam olarak hatırlamamıştı. Aynı içerikli bir başka sözü aktardım ve bunun hadis olduğunu belirttim. Çoğu hemen not aldı. Seminerler biterken sorduğumda % 80'i bu hadisi hatırlıyordu. Şimdi düşünün. İlk söylediğim yabancı bir yöneticinin, ikincisi Hz. Peygamber'in sözleriydi. Aktaran ve dinleyenler değişmemişti. Sonucu varın siz değerlendirin.

3- Güvenilirlik

Konuşmacının uzmanlığın ötesinde güvenilir olması, hedefi etkileyebilmesi için çok önemlidir. Konuşmacı konusunda ne kadar uzman olursa olsun, konuşmayı yapmakta maksadı, dinleyiciyi kandırmak olarak yorumlanırsa, dinleyici üstünde fazla bir etkisi olmayacaktır. Başka bir deyişle, dinleyici, konuşmacının, konuşma yapmada maksadının, kişisel bir kazanç sağlamak olmadığını düşünürse, o konuşmanın etkisi çok daha iyi olur.

Yasin Sûresi'nin 20-21. ayetlerinde, "Sizden hiçbir ücret istemeyen ve doğru yolda olanlara uy" emri ile İslam'ın (fikir planındaki) görüşünü de burada belirtelim.

Kaynak ne kadar uzman olursa olsun, güvenirliği yoksa, iletişimin sağlıksız olacağına en iyi örnekler, siyasal partilerden verilebilir. A partisinin, bir matematik profesörü olan genel başkanı; ne kadar uzman olursa olsun, bulunduğu konum dolayısıyla güven vermiş değil ise değişimi sağlaması mümkün değil demektir. Konu sahası matematik bile olsa. Çünkü hedefin kafasında belli sorular ve kanılar oluşabilir.

- Koltuğunu kaybetmek istemiyor.
- Bu kadar geliri nereden elde etti?

- Bizim paramızla mı geziyor?
- Enflasyon niye yüksek?...vs.

Bu sorulara, kendinizinkileri de ekleyerek çoğaltabilirsiniz. Konuşmacının güvenilir olmasını temin eden, en önemli özellikler: Yaşam tarzı ve ahde vefası olduğunu unutmamak gerekir.

Belli bir konuyu anlatmak ve değiştirebilir olmak istiyorsanız, yani etkili konuşmak istiyorsanız, mutlaka sizin için doğru olan değerlerinizi (inandıklarınızı) yaşayın.

Yapmadığınız şeyleri söylemeyin, ya da söylediklerinizi yapın. Eğer söz verdiyseniz, mutlaka yerine getirin. "Ahdi yerine getirin. Doğrusu verilen ahitte sorumluluk vardır" (İsra, 34) ve yalandan uzak durun. İşte o zaman dinleyicinin gözünde güvenilir bir konuşmacı olabilirsiniz.

Siz siz olun, inandığınız şeyi söyleyin. Zamana ve zemine göre atmayın. Dinleyiciler aptal değildir.

4- *Sevilmek ve Sevmek*

Güzel bir çay sohbeti. Herkes kendi keyfinde. Kimi problem çözüyor, kimi çözdüklerinin keyfini yaşıyor. Sıcak bir gülümseme ve sarılan insanlar. Dönüp bakıyorsunuz. Ve bir söz: "Eee?" Kalpten kalbe yol gider. Muhabbet devam eder. Bu da nerden çıktı demeyin. Zaten vardı. Ben ise yazıya aktardım. Siz de hatırladınız herhalde birbirini seven insanların genelde kullandığı bu cümleyi: *"Kalpten kalbe yol gider."* Bu cümle, söyleyenin ve dinleyenin samimiyeti ile örülü ise, bu iki insan, birbirlerine doğrularını ileterek değişimi sağlayabilir.

İnsanlar, sevdiği kişilerin mesajlarına karşı iletişim kapılarını aralık bırakmayı ihmal etmez. Her akşam TV'de yayınlanan reklamlara dikkat edin. İnsanları etkilemek için sevgi faktöründen yararlanıldığını göreceksiniz. Mesela sevilen bir aktristin verdiği bir mesaj, onu sevenler tarafından hemen algılanmakta ve sonuçta onun vasıtası ile yaptırılması istenen satın alma, gerçekleşebilmektedir. Bütün bu bulgular bize, bir iletişimin etkili olabilmesinde, iletişim kaynağının rolünün, yani propagandayı yapanın sevilen kişi olmasının ne kadar önemli olduğunu göstermektedir.

Konumuzu Konuşmak

- Ne anlatıyor?
- Niye anlatıyor?
- Benimle ne ilgisi var?
- Şimdi bunun sırası mı?

Dinleyenin kafasına yukarıdaki soru işaretlerini ve dolayısı ile umursamazlığı takmak istemiyorsanız, konu seçimine ya da konunun aktardığınız yönüne çok dikkat etmelisiniz.

Etkili konuşmanın, bir yolu da, konu seçiminin uygun olarak gerçekleştirilmesidir. Tabiki, daha önce örneklerini verdiğimiz, günlük konuşmalardan bahsetmiyoruz. Çünkü, günlük konuşmalarda, konu seçmek genelde söz konusu değildir. Bu sebeple bu türlü konuşmalarda dikkat, konuşma biçimi üzerinde yoğunlaşır.

Ancak, topluluk önünde bir şeyler söylemek zorunda iseniz veya buna ihtiyaç hissediyorsanız, iş daha farklıdır. Yani konu seçimi önem kazanır.

Eğer dinlenilmek istiyorsanız, seçeceğiniz konu, dinleyici ile direkt ilgili olmalı, güncel olmalı veya hayati önemi bulunmalı ki;

'Ne anlattığınız, niye anlattığınız ve dinleyicilerle ilgisi ne?' gibi sorular kendiliğinden cevap bulsun.

Dinleyici ile aranıza sınır koymadan, konuşmanızın sınırlarını belirleyin.

Hakkında konuşmak zorunda kaldığınız veya bilerek seçtiğiniz konu, ne olursa olsun, ilk yapacağınız, konuyu sınırlamaktır. Bu işi yaptığınızda etkilemenin daha güçlü olması yolunda ilerliyorsunuz demektir. Konuyu sınırlamak, o konu hakkında hangi detaylardan bahsedeceğini önceden sınırlamak demektir.

Mesela: "Tüm Dünya Müslümanları" bir konu başlığı olabilir. Sınırladığınızda Türkiye'deki müslümanlardan bahsedebilirsiniz. Daha detaysa anlatacaklarınız, İstanbul'daki müslümanlarla sınırlayabilirsiniz. Hatta, Erenköy'de oturanlarla veya Tellioğlu Apartmanı'nda oturan müslümanlar, sınırladığınız konuyu oluşturabilir. Sınırları iyi tayin etmek anlatımı kolaylaştırır, mesajı güçlendirir. Konuyu seçerken ve sınırlandırırken kendinize şu soruları sorun:

- Bu konu karşımdakiler için ne kadar ilginç?
- Anlatacağım konuyu ne kadar biliyorum, ya da öğrenebileceğim yerler var mı?
- Anlatacaklarım, dinleyicilerin düzeyine uygun mu?
- İhtiyaçları karşılayacak bir konuşma yapabilecek miyim?
- Söylediklerim konuşma ortamına uygun mu?
- Anlatacaklarım, teori düzeyinde mi yoksa yaşamın pratiklerine uygun mu?
- Konumu ne kadar sınırlandırayım ki, yeterli anlatım gerçekleşsin?

Resulullah, konusuna göre, hedef kitleyi sınırlandırır ve hitab ederdi. "Ya Aişe, Ey Ebu'l-Münzir, Ey Ademoğlu, Ey Allah'ın kulları, Ey insanlar, Ey Muhammed'in ümmeti, Ey müslüman hanımlar, Ey kadınlar, Ey gençler, Ey tüccarlar, Ey dili ile müslüman olan ve kalbine iman işlemeyenler topluluğu, Ey..." şeklindeki sınırlandırılmış hitab başlangıçları, konunun açık örnekleridir.

Amacınızı Belirleyin

Anlatacaklarınızı belirleyen, anlatmak istediklerinizdir. Ulaşmak istediğiniz neticedir. Konuşmanın sonunda, dinleyenlerin sizin gibi düşünmesini ve davranmasını isteyebilirsiniz. Bunun için önce amacınızın ne olduğunu belirleyin. Zaten konunuzu da buna göre sınırlandıracaksınız demektir.

Kendinize;

"Bu konuyu anlatmamdaki maksadım ne..." sorusunu sormadan, kimseye birşey anlatmaya çalışmayın. Konuşmaya karar verdiyseniz, genel anlamda şu soruları cevaplayın:

- Neden konuşacağım?
- Bazı gerçekleri mi anlatacağım, yoksa konuya farklı bir boyut mu getiriyorum?
- Davranışları etkileyerek hareket oluşturmak mı istiyorum?
- Yalnızca duyguları etkilemek mi niyetim?

Cevaplarınıza göre sınırlandırılmış konuşmanızı yönlendirmek, yani amacı belli konuşma, daha kolay ve sonucu daha etkili olacaktır.

Resulullah (s.a.v.)'i amacından çevirmek isteyenler olmuş. O "Güneşi sağ tarafima, ay'ı sol tarafima koysalar; beni cihana sultan yapsalar, ölürüm yine bu amaçtan vazgeçmem" demiştir. (İbnü Hişam)

Anlatacaklarınızı önceden hazırlayın.

Artık, sınırlarını ve amacını belirlediğiniz bir konuşma için plan yapmaya hazırsınız demektir. Plan hazırlıklarına bilgi toplamakla başlamak, iyi bir sonuç için zorunlu bir yoldur.

Önce amacı gerçekleştirmeye yönelik, gerçekler, sayılar, veriler, kısaca konu ile ilgili ulaşabildiklerinizin tamamını toparlayın.

Bütün bunları daha çabuk ve sistemli olarak elde etmeniz için bazı yolları takip etmeniz gerekli ve mümkündür.

Şöyle ki;

◆ Konu ile ilgili ilk soruyu kendinize sorun;

"Hayat bu konuda bana neler öğretti?.."

◆ Konu ile ilgili kaynaklara ulaşın. Kitap, dergi, gazete, rapor vs... Bu kaynakları veya bilgileri bir araya toplayın.

◆ Konu ile ilgili bilgisi olan kişilere ulaşın. Onlardan bilgi alın. Not tutma tekniğinden veya teypten yararlanabilirsiniz.

◆ Kendiniz gibi düşünenlerle konunuzu tartışın. Derlediğiniz bütün bilgileri, kağıda aktarın. Eğer bu dökümanlar elinizde toplandıysa, sağlıklı bir konuşma planı hazırlayabilmek için herşeyiniz var demektir.

Amaca Ulaşabilecek Anlatım Tarzını Seçin

Amacınıza ulaşmak için seçeceğiniz tarzı, hedef kitleniz ve ortam belirleyecektir. Yani konuşmayı yapacağınız yer, bir miting alanı ise ve kendi düşüncenize sahip insanlara sesleniyorsanız tarzınız farklı olur. Aynı ortamda, kendi düşüncenizden olmayanlara seslenirken daha farklı bir tarz kullanmak durumundasınız. Aynı seçme, grup toplantıları, arkadaş toplantıları için de geçerlidir. Konuşma yaptığınız grubun tahammülü ve yapısı da tarzınızın kesin hatlarla belirlenmesinde, size yardımcı olacaktır.

Sizin fikirlerinizi paylaşan bir topluluğa seslenirken, zamanın biraz uzaması tahammül sınırlarını hemen aşmaz. Samimi ve tatlı sert konuşmak, karşıdakileri rahatsız etmez. Çünkü, aynı şeyi savunmaktadırlar. Sizin problemlerinizin birçoğunu, onlar da yaşamaktadır ve onların duygularını dile getirmektesinizdir.

Ancak, farklı düşünen bir topluluk karşısında, hoşgörü sınırlarını fazla zorlamayın. Tüm kapılar yaptığınız ilk hatada yüzünüze kapatılır.

Unutmayın!

Anlatımınızda temel amacınızı konuya göre; betimleme, eleştirme, tanımlama, açıklama, gösterme, gözden geçirme, yorumlama, öyküleme yöntemlerinin biri veya bir kaçı ile dile getirebilirsiniz. Başta da belirttiğim gibi seçiminizi hedefin niteliği ve ortam kolaylaştıracaktır.

Bütün bunları anlatırken uslûbunuz; öğütleme ve yol gösterme, düşünce ve inançları değiştirme, belli bir eyleme yöneltme şeklinde bir yapıya dönüşebilir. Aşırılıktan kaçının. Hem çok müşfiklik, hem de sertlik ters teper, unutmayın.

Konuşmayı hazırlarken dikkat edeceğiniz en önemli özelliğin, hedef kitlenin yapısı olduğunu hiçbir zaman aklınızdan çıkarmayın. Dinleyici yoksa, konuşma ve konuşmacı da yoktur. Konuşma ve konuşmacının varlık sebebi ise dinleyicidir. İyi ve etkili konuşma, hedefe ulaşan mesajlar ile gerçekleşir. Konuşmanın hedefe ulaşması da hedefi iyi tahlille gerçekleşir.

Resulullah muhatabına göre hitab ederdi. Rum Meliki Heraklius'a gönderdiği mektup, herkesin anlayabileceği kadar basitti. Fakat Ükeydir'e yazılan mektubu anlamak, herkesin işi değildi. *(Kâdı Iyâz)*

Bilgileri Planlayın Ya da Yemeği Hazırlayın

Akşama masaya getirilecek bir tencere leziz yemeği hazırlamak için yapılanlar ne ise, sizin de konuşmayı yapmak için yapacaklarınız aynı sırayı takip edecektir.

Şimdi;

Bilgi toplama, araştırma, tartışma yolları ile elde ettiğiniz malzemeyi masanıza toplayın. Sıra, hangisinden ne kadar tutam kullanacağınızda... Eğer gerekenden gerekli miktarda kullanmasanız, yenecek tatta bir yemek hazırlayamazsınız.

Amacınıza ve sınırladığınız konuya uygun olarak bilgileri maddeler halinde alt alta yazın. Birçok maddenin oluştuğunu göreceksiniz. Gereksiz ya da fazla gördüğünüz maddeleri ayıklayın, kalanları önem sırasına göre alt alta sıralayın.

Konuşma planına geçebilirsiniz.

Konuşma Plânı

Konuşma plânı, konuşma esnasında anlatacaklarınızın önem derecesine göre sınırlanmasıdır. Bunu bir karta sığacak şekilde şema haline getirin. Grupları, ana ve yardımcı düşünceleri ayırın.

Şöyle bir örnekle açıklayalım:

1- Konuşmanın temel amacını belirten ana düşünceler.

A- Ana düşünceyi geliştiren açıklayan düşünceler.

Aa- Bir üstteki düşünceyi genişçe anlatan düşünceler.

B- Ana düşünceyi geliştiren ve açıklayan diğer düşünce.

2- Konuşmanın temel amacını belirten diğer düşünce

A-....................

1-....................

2-....................

(a) Örnek (1)

(b) Örnek (2)

Planlamayı yaparken şu noktalara mutlaka dikkat edilmelidir.

1- Anlatmak istediğiniz her noktayı, açık cümlelerle belirtin.

2- Plânda anlatacaklarınızın, bir öncenin tekrarlanması şeklinde olmamasına dikkat edin.

3- Anlatılan herşey, belirtilen temel amaca uygun olmalıdır.

4- Her bölüm, uygun başlıklarla diğerlerinden ayrılmalıdır.

Başlıklar renkli kalemle yazılmalıdır. Bu şekilde konuşma esnasında, daha kolay görme sağlanır.

(Emin Özden'in, Güzel ve Etkili Konuşma Sanatı isimli kitabından alınmıştır.)

Konuşma Plânı Örneği

Temel amaç: Dinleyicilere, "sınıfta kalmanın tek nedeni öğrencilerin tembelliği değildir" görüşünü kavratma.

1. Ders programlarından gelen nedenler:
   A. Programların, öğrencilerin ilgisini çekmeyişi.
   B. Öğretilenlerin pratik bir yarar sağlamayışı.
   C. Konuların ilgi ve gereksemeye yaslandırılmayışı.
   D. Ders kitaplarının sıkıcı oluşu.
   E. Derslerin ezberlemeyi gerektirişi.
2. Öğretmenlerin durumu ve tutumundan gelen nedenler:
   A. Öğretmenlerin programların amaçlarını kavramayışları.
   B. Derslerini sevdirmeyişleri.
   C. Öğrencileri etkinliğe yöneltemeyişleri.
   D. Öğrencilerle bireysel olarak ilgilenmeyişleri.
3. Öğrencilerin durum ve tutumlarından gelen nedenler:
   A. Ders çalışma yöntemlerini bilmeyişleri.
   B. Sınavlara kısa bir süre kala ders çalışmaya başlamaları.

C. Öğrencilerin not tutma, plân çıkartma, kaynak kitaplardan yararlanma yollarını gerektiği gibi kullanamayışları.

4. Sınıfların durumundan gelen nedenler:

A. Sınıfların çok kalabalık oluşu.

B. Sınıfların fiziksel yapısı, rahatlıkla ders dinlemeye elverişli olmayışı.

C. Sınıfların kalabalık oluşunun, sınav biçimini etkilemesi.

D. Sınıfların aşırı derecede bozuk oluşunun, öğrencilerin etkin olmalarını önlemesi.

E. Öğrenci sayısının sınırlı olduğu sınıflarda başarının daha yüksek olduğunun, araştırmalar ve sayılmalarla (istatistikler) gösterilmesi.

Söyleyeceklerimizi ilgi ve önem derecesine göre kümelendirerek oluşturduğumuz bu plânın ana bölümlerinin sırasını da gerekirse değiştirebiliriz. Diyelim ki somut nedenlerden soyut nedenlere, bilinenlerden bilinmeyenlere gitmek istiyoruz; o zaman plânımızdaki 4. bölümü, yani "sınıfların durumundan gelen nedenler" bölümünü, başa alabiliriz. Bunlar, dinleyicilerimizin yakından bildiği nedenlerdir. Öbür bölümleri de bundan sonra sıralayabiliriz.

Konuşma plânını hazırladıktan sonra, anlatacağınız konunun tamamını kağıda yazın. Kolay prova için yazınızı daktilo edin. Yazdıklarınızı hem kendiniz dinleyin, hem de başkalarına dinletin.

Okurken sesinizin tonu, tınısı, rengi, kelimeleri vurgulama biçiminiz, kelime telaffuzlarında -varsa- yanlışlarınız ortaya çıkacaktır.

Konuşmanızı yazarken de, konuşma dilini kullanmayı unutmayın.

(Emin Özden'in Güzel ve Etkili Konuşma Sanatı isimli kitabından alınmıştır.)

Plânı Metne Dönüştürmek

Ya da dinlenebilir bir konuşma için son hazırlık.

İyi bir konuşma, konuyu tanıtma, tartışma ve geliştirme ile konuyu yönlendirip sonuca bağlamaktan ibarettir.

Herşey iyi güzel de, damdan düşer gibi konuya girip, hırsız gibi konuyu bırakıp gitmek, aradaki metni de peşinden kovalıyorlarmışcasına okumak, plânlı da olsa konuşmacıya bir avantaj sağlar mı?

Elbette ki hayır. Söze nasıl başlayacağını bilmek, güzel ve etkili bir konuşma yapmak, sonucu en güzel şekilde bağlamak, birbirini tamamlayan öğelerdir.

Bütün bunlar varsa, yani güzel, etkili konuşma kurallarına uygunluk varsa, güzel konuşmadan söz edilir.

Aksi durumda, kitabı baştan okuma gerekliliği doğar.

Ah! O Büyük Engel

Heyecan: Heyecanın varlığını çoğu konuşmalarınızın başlangıcında hissedebilirsiniz. Yeter ki istemediğiniz anda, istemediğiniz bir yerde, konuşmak zorunda kalın. Sizin de böyle bir probleminiz var mı? Varsa bilmeniz gereken şey, ***heyecanı aşmanın yolu kendine güvendir.*** Güveni oluşturabilmenin yolu ise hazırlanmak, iyi bilmektir. Pratiktir.

"Acaba", konuşma esnasındaki en büyük düşmandır. "*Acaba* konuşma yapabilecek miyim?", "*Acaba* bana gülecekler mi?" gibi. Bunu ilk etapta yok etmek mümkün değil. Fakat yönlendirme yöntemi ile sıkıntınızı hafifletebilmeniz mümkündür.

"Acaba konuşabilecek miyim?" yerine, "Acaba, konuşurken biri soru sorsa, nasıl davranmam gerekir?" diye düşünün. Böylece heyecanı ertelemiş olursunuz. Nasıl olsa konuşmaya başladıktan bir süre sonra, heyecan diye bir derdiniz kalmayacak. Başka yöntemlerden yararlanarak da heyecanınızı yatıştırabilirsiniz. Konuşmaya başlamadan masayı düzeltmek, bardağın yerini değiştirmek, pencereyi veya perdeyi açmak ya da kapamak, size zaman kazandıracaktır. Ve biraz daha rahatladığınızı farkedeceksiniz. ***"Konuşmacı konuşmasına başlar-***

ken, heyecandan öleceğini sanır. Konuşmanın hemen bitirilmesi gerektiğine inanır. Bitirirken ise, keşke daha vaktim olsa da anlatabileceklerimi daha geniş aktarsam, diye düşünür" şeklindeki gerçeği de göz ardı etmemek gerekir.

"Gecikmeden cevap vermek, isabetli konuşmak ve hata yapmamak belagattır." *(En Nuveyri)*

Söze Başlayabilmek

Nereden başlasam, nasıl başlasam?

Karşınızdaki ister topluluk olsun, isterse bir kişi, sizi tartması ve dinlemeye karar vermesi, söze girişinizle belli olur. Yani tek atış hakkınız var. Ya atışı iyi değerlendirir ve kendinizi dinlettirirsiniz, ya da yeniden tek atış hakkınızın olacağı başka bir kişi veya topluluk aramaya koyulursunuz.

Söze başlarken, dinleyicilerinizin ya da dinleyicinizin ilgisini çekmek, sonuçta kendinizi dinletmeye başlamak için, bazı kuralları uygulamak durumundasınız. Bu sebeple konuşmaya farklı şekillerde başlayarak, dikkatleri konuşmanıza ve anlattıklarınızın içeriğine çekerek dinleyicilerinizi yönlendirebilirsiniz.

"Onların içlerine işleyecek, ruhlarına nüfuz edecek söz söyle." *(Nisa, 63)*

Dikkat Çekici Bir Başlıkla Başlamak

Konudan ayrı olmamak kaydıyla, dikkat çekecek bir şekilde, konuşmanıza başlayabilirsiniz. Bu yöntem, şaşırtma veya heyecanlandırma şeklinde kullanılabileceği gibi, merak oluşturma şeklinde de kullanılabilinir.

Mesela: Okuduğunuz kitabın ilk sayfalarındaki başlıklardan birini hatırlamaya çalışın. "Güzel ve Etkili Konuşamamanın Faydaları." Zannederim ne söylemek istediğimiz tam olarak ortaya çıkacaktır. Bu şekilde konuşmaya başladığınızda, zihinleri henüz taze olan dinleyici kitlede şaşırtma veya merak oluşturma yolu ile dikkat çekebilirsiniz. Böylece dinleyici, sizi dinlemeye hazırlanacaktır.

"Cennete giren hiç kimse yoktur ki, bütün dünyaya malik olsa bile tekrar dünyaya dönmeyi arzu etsin. Yalnız şehitlerdir ki, kendilerine yapılan hürmet ve ikramı gördüklerinden dolayı dünyaya dönüp de on defa şehit olmayı arzu ederler." *(El-Buhari)*

Belge ve Döküman Göstererek Başlamak

Dinleyici kitlenize konu ile ilgili belgeler göstererek başlayabilir ve dinleyenlerin ilgisini konunuza yönlendirebilirsiniz. Örneğin, Amerika ve CIA'nin Türkiye üzerindeki emellerini anlatmak üzere konuşmaya çıktığınızı varsayalım. Elinizde de bir tomar kağıt. Çıkar çıkmaz "İşte, bu belgeler ışığında, bu oyunları, plânları size aktaracağım. Bu belgelerin içinde..." şeklinde, belgeleri göstererek konuşmaya başladığınızda (gerçek olması kaydı ile) tek atış hakkınızı iyi kullandınız demektir. Dinleyici, tek tek o belgeleri açıklayana kadar sizi dinleyecektir.

Fıkra ile Başlamak

İnsanları güldürerek rahatlatıp, ilgiyi üzerinize çekerek konuşmanızı yönlendirebilirsiniz. Dikkat etmeniz gereken şey, "Bu fıkranın konu ile ilgisi ne?" gibi bir soruyu dinleyicinin kendine sormaması; yani fıkranın konuyla yakından ilgili olması esas noktadır.

İkinci nokta ise, çok ciddi konuşma ortamlarında, çok ilgili de olsa, fıkranın itici olabileceği konusudur.

Örneğin:

Babası ipe giden adama, asılan adam fıkrası anlatarak konuşmaya başlayıp onu teselliye çalıştığınızı düşünün!...

Sonucu da varın siz değerlendirin.

Dikkat Çeken Bir Soru ile Başlamak

İçinde ünlem olan bir soru ile konuşmanıza başlayabilirsiniz.

Böylece dinleyiciyi, istediğiniz konunun içine etkili bir şekilde sokmuş olursunuz.

Örneğin, kilim sanatı ile ilgili bir konuşmaya, "Anadolu kilimleri ve Amerika Kızılderililerinin dokuduğu kilimleri hiç yan yana, gördünüz mü? Neredeyse aynı motifler. İnsanın aklına, 'acaba, onlar eski Anadolulu mu?' diye bir soru geliyor" şeklinde başladığınızı düşünün. İnsanların o güne kadar düşünmedikleri birşeyi ortaya atmış olursunuz ve "Acaba Kızılderililer de Türk mü?" gibi bir soru kendiliğinden oluşuverir. Amacınız bunu ispat ise işte fırsat. Yok tersi ise düşündüğünüz, onun için de uygun ortamı oluşturdunuz demektir.

"Neden yapmayacağınız şeyleri söylersiniz?" *(Saff Sûresi, 2)*

Problemi Soruya Çevirerek Başlamak

Konuşmanıza, dinleyicinin bir problemini soru haline çevirerek başlayabilirsiniz. Bu da dinleyici kitlenin kendisini direk ilgilendirdiğinden, konuya intibakını kolaylaştırır. Çözüm önermeyi de unutmayın.

Mesela: "Güzel konuşma Allah'ın sadece bazı insanlara bahşettiği bir özellik midir? Yani fiziksel konuşma özürü olmayan sizler, güzel konuşamaz mısınız?.." Soru aynı zamanda dinleyicinin problemini yansıtıyor ve çözüm onların duymak istediği ise mesele yok. "Söyleyeyim, elbetteki konuşabilirsiniz. Ancak kuralları uygulamak şartıyla..." şeklinde bir soru ve çözüm ile konuya girerseniz, dinlenirliğinizin başarısını da, kolayca ölçebilirsiniz.

"Siz, sizden öncekilerin başına gelenler sizin başınıza da gelmeden, cennete kolayca girebileceğinizi mi zannedersiniz?" şeklindeki örnekleri unutmayın.

Örnekle Zihinlere Çarparak Başlamak

Söze çarpıcı bir örnek ile başlamak da ilgiyi tarafınıza çeker.

Dinleyenleri ilgilendirme düzeyine göre, konuşma anında tepki alabilir, konuyu da yeni bir şekle bile dönüştürebilirsiniz.

Mesela: Enkaz altında kalarak ölen bir maden işçisinin cenazesinde, o işçinin son sözleri hareketi oluşturan bir dinamik olabilir. Ya da onun yakınlarının söyledikleri, bir aktivite sağlayabilir, dinleyenleri kolayca yönlendirebilir.

Göstermek, Hissettirmek

Video, kaset çalar, slayt gibi sesli-görüntülü cihazlar ya da fotoğraf gibi malzemeleri söze başlamadan göstermek ilgi çekebilen, önemli bir yoldur. Ardından konuşmaya başlamak, başarıyı arttıran bir yöntemdir. Bu çeşit teknolojik imkanlardan (dozunda) yararlanarak konuşmak, günümüzde etkili ve yaygındır. Sizin de iyiyi kullanmamanız için hiçbir sebep yok.

"Resulullah, Muaz b. Cebel'e 'İşte bunu muhafaza et' derken dilini eliyle tutarak görmesini sağladı." (Tirmizi)

Resmîlik Sınırlarını Zorlamayın

Genel kitlenin, resmiyetten fazla hoşlanmadığını unutup, konuşmanıza asla çok resmi bir üslupla, daha açık tabirle: Buz gibi başlamayın. Dinleyiciler, bu konuyu iyi bilmenize rağmen, sizin de onlardan biri olduğunuzu hissetsin. Yoksa konuşmaya başlamadan sizi dışlarlar.

Konu ne olursa olsun, karşınızdakilere değer verdiğinizi hissettirin. Resmi olmanız gerekiyorsa bunu dinleyiciye olan saygınızdan yaptığınızı hedef kitle kendisi algılasın.

Günah Çıkarmayın

Asla günah çıkarma psikozuna girip, konuşmanıza, özür dileyerek başlamayın. Özür dileyerek başlanan konuşma kitlesini baştan kaybetmiş konuşmadır.

Örneğin "Zamanım az olduğundan fazla çalışamadım, özür dilerim". Ya da "bir anda habersiz yakalandım..." gibi özür başlangıçları, yapacağınız konuşmayı katleder. Siz iyi bir şey yaptığınızı zannededurun, dinleyici "İyi de o zaman niye çıktın oraya?!" diye kendine sormaya başlar. Siz birşeyler anlattığınızı zannedersiniz. Oysaki dinleyici hâlâ sizin özürde takılı kalmış durumda olabilir.

Konu Hakkındaki Düşüncenizi Baştan Belirtin

Anlatacağınız konu hakkındaki tavrınızı, başlama şekliniz ne olursa olsun, başlangıçta ortaya koyun. Dinleyici sizin bu konuda ne düşündüğünüzü anlamak için, daha sonra özel bir çaba sarfetmeyecektir.

Hiçkimse başkasını anlamak için kendini fazla yormaya katlanmaktan yana değildir. Bu yüzden tavrınızı belirleyin, ortaya koyun. Aksi söz konusu olursa, konuşmanız ilerledikçe, ilgi dağılacak ve dinleyici "İyi de, sen ne diyorsun bu konuda?" diye içinden içinden, soracaktır. Cevap alamadığı için de en yakın kapıya kaç adımda ulaşabileceğinin matematiksel hesapları ile uğraşmaya koyulacaktır.

Kısacası; konuşmanıza, en uygun zamanda, en uygun şekli belirleyerek başlayın. 'Herşey, her yerde ve her an geçerli değildir' kuralını unutmayın. Ya da böyle bir kuralı konuşma ile ilgili dağarcığınıza ekleyin.

Konuşma Sırasında!..

Kısa Cümlelerle Konuşun

Konuştuğunuz insanlar, cümlelerinizi takip etmek için zorlanmasın. Basit cümleler kurun. Başlasın, bitsin. Ne dediğiniz herkes tarafından anlaşılsın. Amaca varmanız kolaylaşsın.

Mesela, "En uygun zamanda, en uygun kişinin gönlünü almak, size çok şey kazandırır. Ve karşınızdakinden birşey istemek ya da ona birşey yapmasını buyurmak yerine, onu ikna etmek yolunu seçersiniz; daha kısa sürede, daha iyi sonuç alırsanız arada şaka da yaparsınız, bunun şaka olduğunu herkesin anlamasına özen gösterin..." şeklinde uzun cümlelerle konuşmak karşıdakilerin sözlerinizi anlamamasına sebep olur. Onun yerine; "En uygun zamanda, en uygun kişinin gönlünü alın. Göreceksiniz çok şey kazanacaksınız. Karşınızdakine bir şey yapmasını buyurmayın. Onu ikna edin. Daha iyi sonuç alacaksınız." şeklindeki kısa cümleleri tercih edin.

Daha kısa yoldan sonuca gidebilirsiniz.

"Resulullah (s.a.v.)'in açık bir konuşma şekli vardı. Dinleyen herkes onu anlardı." (İbn-i Mace)

Bilinen Kelimeler Kullanın

Konuşmanız esnasında karşınızdakilerin sizi anlamasını istiyorsanız, bildikleri dilden konuşun. Televizyondaki bir doktorun öğütlerini dinlemişsinizdir. Sözümona dinleyicilere hastalığı ve korunma yollarını anlatacak. Bakarsınız, dinlersiniz ama yok. Bu adam başka dilden konuşuyor. Kararı verirsiniz. Bu adam doktorlara anlatıyor. Ama hayır. Çok dikkat ettiğinizde size hitap ettiğini de farkedersiniz. Ve karar verirsiniz; 'Bu adam, bana nasıl hitap edeceğini bilmiyor.' Anlaşılmaz kelimelerle kendinin yüceldiğini sanıyor. Halbuki, kime anlatmaya çalışıyorsa onun anladığı dilden konuşmalı. Dinleyen onu anlasın ve inandığı ölçüde anladıklarını tatbik etsin. Siz asla böyle olmayın. Konuşurken, dinleyenler hangi kelimelerden anlayacaksa onları seçin. Peki 'konu teknik terimleri içeriyor ise ne yapalım?' gibi bir soru da akla gelebilir. Teknik terimleri kullanın. Kullanın, ama ne olduklarınıda lütfen açıklayın.

"Bir kavme, akıllarının kavrayamayacağı bir söz söylersen, o söz, onlardan bir kısmı için mutlaka fitne olur." *(Hadis-i Şerif, Müslim)*

Netleştirin

Bilinenlerle bilinmeyenleri netleştirin. Göreceksiniz bu davranışınız, anlattıklarınızın akılda kalmasını kolaylaştıracak, daha etkili bir anlatım şekli kendiliğinden oluşacaktır.

Örnek: 'İran x kilometrekare büyüklüğündedir' dediğinizde kimsenin aklında kalmaz. Ya da çabuk unutulur. Ancak bunu önemli sayıyorsanız; akılda kalmasını istiyorsanız, netleştireceksiniz. Ve 'İran üç Türkiye büyüklüğündedir' dediğinizde farkı, farkedeceksiniz.

Görerek Öğrenmeyi Sağlayın

Dinleyiciler, sizi görebiliyorlar ise, görme duyusundan yararlanmayı ihmal etmeyin. Bunu da zaman ve yere göre seçin. Video, televizyon, slayt, fotograf, tahtaya veya kağıda çizilen şekiller, resimler, anlatım çizgileri v.s. Bütün bunlardan yararlanıldığı takdirde, konuşmanız renklenecek ve etkisi artacaktır.

Bu metot anlatım da, söylediklerinizi açıklamanıza yardımcı olacak, konuyu güçlendirecektir.

Resulullah, herkesin görebileceği yükseklikte bir minber üzerinde namazını bitirdikten sonra "Ey insanlar! Bunu ancak, örnek olarak görmeniz ve namazı nasıl kıldığımı öğrenmeniz için yaptım" demiştir.

Önemli Fikirlerin Üstüne Basın Ama Farklı Ayak Kullanın

Konuşma boyunca, anlatılmak istenen bazı fikirler vardır. Bu fikirlerin iki kez anlatılma zorunluluğu da... Ama bu zorunluğu aynı kelimeleri kullanarak gidermeyin. Aynı şeyi iki kez söyleyebilirsiniz, ancak çok az yerde aynı kelimeleri kullanma özgürlüğünüz vardır.

Eğer böyle bir zorunlulukla karşı karşıya iseniz, tekrarı bilinçli yaptığınızı hissettirin. Sesinizin tonu ve vurgu bunu sağlayacaktır. Aksi taktirde anlamsız bir tekrar gibi dinleyiciyi rahatsız eder.

Örnek: Örneğin, insan hayatı çok önemlidir. Çok önemlidir.

Aynı Anlamı Taşıyan Kelimeleri Tekrarlamayın

Herhangi bir konuşma esnasında, anlatmak istediğiniz birşeyi dolaştırmayın. Aynı anlamdaki kelimeleri, boşa sarfetmeyin.

Mesela, örneğin, faraza, bu konuyu şöyle ele alsak... gibi, birbirini ikame eden kelimeleri, tek başına kullanın.

Soyut Kavramları Açıklayın

Somut bir örneği olmayan bir konudan bahsediyorsanız, yani soyut bir düşünceyi anlatıyorsanız, örnekler vererek konuyu mutlaka açıklayın. Düşünceniz ne kadar elle tutulur hale gelirse, karşınızdaki sizi o kadar iyi anlar. Belirsizlikten kaçınmazsanız, daha sözünüzü bitirmeden yanlış anlaşılmalara zemin hazırlanılmış olur.

Veya, ***anlatamayan kişi-anlaşılamayan kiş***i olmaktan kurtulamazsanız. Soyut kavramları kullanmadaki marifetiniz, karşınızdakilerin sizi anlaması, sizin üstünlüğünüzün, entelliğinizin ispatı asla değildir.

"Resulullah (s.a.v.) 'İnsanların akıllarının alacağı derecede söz söylemekle emrolunduk' demiştir." (Ed Deylemi)

En Fazla İki Cephe Açın

Konuşma konunuz ne olursa olsun, bir konunun en fazla iki yönünü anlatın. Bu durum çoğaldıkça, anlaşılırlığınız ters orantılı olarak düşer. Çok artarsa dinleyici gözünde malumatfuruş durumuna düşersiniz. İnanırlılığınız ortadan kalkar. Bunu savaşta açılmış cepheler gibi düşünün; ne kadar çok cephe açarsanız o kadar zarar görürsünüz. Ne kadar az cephede savaşmak durumunda kalırsanız, başarınız o oranda artar. Tüm bildiklerinizi, gücünüzü bir noktada kullanabilirsiniz.

Dinleyiciyi Takipten Vazgeçmeyin

Anlattıklarınızın dinlenip dinlenilmediğini sürekli takip edin. Sesinizin tonunu bu takipten aldığınız sonuçlara göre ayarlama zorunluluğu vardır. İzleyiciyi takipten vazgeçtiğinde, kendini dinlemeye başlarsın. Çünkü dinleyici, arka sokaklarda her an kaçabilecek çocuk gibidir. Bir kaybederseniz ikinci bir şansınız olmayabilir. Kimbilir nerede ne yapmaya koyulur zihninde. Ancak bu takibi de, dinleyiciyi rahatsız edecek şekilde yapmayın. Yani sürekli aynı kişinin gözlerinin içine bakmak, devamlı aynı yönde konuşmak, diğer taraftakileri ihmal etmek veya sürekli olarak, dinleyiciyi baskı altında tutmak, onların sizin takibinizden rahatsız olmasını meydana getirir ki iletişim bu anda kopar.

Yaşayın veya Kahrolun

Konuşmanın içeriği çok beğenilir, alkışlanırsınız; beğenilmez yuhalanırsınız. Bunlar olağandır. Olağan olmayan konuşmacının buna katılmasıdır. Bu gibi durumlarda, kendinizin bir an için konuşmacı olduğunu unutun. Protesto veya alkış süresince toplantıyı izlemeye gelmiş bir gazeteci, bir gözlemci gibi düşünün kendinizi. Böylece konuşmayı değil ama kendinizi selden kurtarırsanız sonra da kaldığınız yerden devam... Eğer kendinizi bu sele kaptırıp yuhalandığınızda kızgınlık, alkışlandığınızda böbürlenme gibi tepkiler verirseniz konuşmanızın etkisi fazla uzun sürmez.

Fikirleri Karşılaştırın

Konuşma herhangi bir düşünceyi aktarıyorsa, bunun alternatifini de ortaya koymalı. Benimki daha iyidir hastalığına kapılmadan, "benim düşüncem şundan dolayı iyi ve uygundur..." diyerek açıklama ve kanıtlama yoluna gitmelisiniz. Dinleyicilerinizin içinde aksi şekilde düşünenler varsa, onların da bu yönde mukayese yapmasını sağlamış olursunuz. Çünkü karşı düşünceye sahip insanı umursamamak, onunla iletişim kapılarını kapatmak demektir.

Sesinizi Ayarlayın

Konuşma yaptığınız ortamın özelliği ve dinleyicilerin sayısına göre sesinizi ayarlayın. En öndeki çok bağırdığınızdan; arkadaki, duymadığından yakınmasın. Karşılıklı etkileşimde, iletişimi engelleyen en önemli konulardan birisi gürültüdür. Gürültü, anlamı olmayan veya anlamsız hale dönüşen sesler bütünüdür. Anlamsız sesler çıkarmayın. Sesinizi anlamsızlaşacak şekilde çıkarmayın.

Yanlış Anlaşılmaktan Korkmayın

Fikirlerinizin yönünü, konuşmaya başlarken, koyduğunuz için korkmayın. Söyleyiş hatası yapmadıktan sonra dinleyiciler tarafından yanlış anlaşılmanız mümkün değil. Ancak söyleyiş hatası yaparsanız, yoruma açık konuşursanız ya da dinleyici yanlış anlamak istiyorsa başka.

Okuma

Konuşmaya, etrafınızdakileri de katmak istiyorsanız mırıldanmayın. Çünkü, anlattıklarınızın doğru olduğuna sizin de inanmadığınız duygusu, dinleyicide hemen etkisini gösterir. Dilinizi, okuma dilinden soyutlayın. Günlük konuşma dilini kullanın. Konuşma dilinin canlılığı ve metine bağlı kalmamak, size daha fazla etkileme şansını verecektir.

Konuşun ve Destekleyin

Söyledikleriniz ile, yüz ve ifadeleriniz mutlaka birbirini tamamlasın. Ağzınız 'evet' derken, yüzünüz 'hayır' derse, dinleyici "bu adam ya kaçık ya da bizimle dalga geçiyor." diye düşünmekten kendini alamaz. Jestlerin desteklemesi ile, daha canlı bir yapının oluşacağı da bir gerçektir. Bazı anlar vardır ki işaretle, söz kendiliğinden destek bulur. Dinleyicide daha etkili olur.

Rahat Durun, Rahat Oturun

Konuşma yaptığınız yerdeki durumunuzu, kendinize göre mutlaka ayarlayın. Rahat olabileceğiniz şekilde oturun ya da ayakta durun. Veya yaslanın. Unutmayın, konuşmaya başlamadan kendi rahatınızı mutlaka sağlayın. Göreceksiniz konuşma şeklinizi etkileyecektir. Bazı insanlar oturarak daha etkili konuşabildiklerine inanırlar. Bazıları otururken illa elinde, önünde birşeyler olsun ister. Bazıları ayakta konuşmayı tercih eder. Bazıları, konuşurken sırtını bir yerlere yaslama taraftarıdır.

Siz de, konuşma esnasında hangi durumu tercih ettiğinizi, hangi durumda daha rahat olduğunuzu belirleyin. Konuşmalarınız esnasında, belirlediğiniz duruşunuzu uygulayın.

Dinlenildiğinizden Emin Olun

Konuşma aralarında bazen durarak, dinleyicilerin sizi dinlediğinden emin olun. Ama konuşma aralarını "eee, aaa" gibi harf uzatmaları ile çekiştirip karşıdakileri sıkmayın. Bu şekildeki durumlar kasıtlı bile olsa yanlıştır. Çünkü dinleyiciyi rahatsız eder. Konuşmayı beceremediğiniz izlenimini oluşturur. Eğer konu çok önemli ise dinleyici katlanabilir, ama her zaman aynı önemde konu da bulamazsınız.

Jest ve Mimiklerden Yararlanın

Konuşmayı destekleyen en önemli unsur, görmek-göstermektir. El ve yüz hareketleri ile bunu sağlayın. Ama aşırıya kaçmayın.

Vücut dili, konuşma dilini destekler, güçlendirir. Ama sürekli ön plâna çıkartılmaz. İyi bir hitap için konuşma sonrasında "çok güzel konuştu" deriz. Ama 'ellerini, yüzünü vücudunu çok güzel konuşturdu' demeyiz. Fakat aslında, çok güzel konuşma oluşmasını sağlayan, vücut dilinin desteğidir. Yani hareketlerin konuşma diliyle mükemmel uyumunun neticesidir.

Jest ve mimikler bazen konuşma dilinin yerini bile alabilmektedirler. Sağ veya sol yumrukların, parmakların havaya kaldırılması ile kalabalıkların coşturulabilmesi en iyi örnektir.

İlgi Dağılırsa, Toparlayın

Konu beğenilmediğinden ya da başka bir sebeple, dinleyicinin ilgisinin dağıldığını farkedebilirsiniz. O zaman mutlaka ve hemen, ayrıntıları atlayıp sonuç ve değerlendirmeye gidin. Değerlendirme sizin için yeni bir fırsat olabilir.

İlgi Başka Yönde Odaklaşırsa

Konuşma esnasında, ilginin başka yöne kaydığını hissederseniz hemen önlem alın. Yani konuşmanızın katledilmesini önleyin. Mesela, konuşmanın tam ortasında, konuşma yaptığınız salona yeni bir misafir girerse, dinleyici dikkatinin yönü değişebileceğinden siz dikkatli olun. Salonun çok büyük olduğu durumlarda problem olmayan bu konu, ufak salonlarda önem taşımaktadır. Özellikle kapalı bir salondaysanız. Böyle bir durumla karşılaştığınızda konuşmanıza devam etmeyin. Mümkünse gelenle bir iki kelime konuşun. Böylece dikkatin sizden ayrılmasına izin vermemiş olursunuz.

Konuşurken Düşünün, Düşünürken Konuşun

Konuşmaya başlamanın zorluğu kadar, konuşmayı bitirmek de zordur. Dinleyicinin beğenisi, ya da protestosu, kendinizi dinlemeyi size unutturmasın. Heyecan veya kırgınlık, sizi ne dediğinizi bilmez bir hale getirmesin. Düşünmeden konuşanlardan olmayın. Çünkü ağzınızdan çıkan her söz, gemici düğümü gibi sizi bağlar. Bunu sağlamanın yolu, vücudu dinlemekten geçer.

Hareketlerinizdeki aşırılığı farkettiğinizde durun, kendinizi içten kontrol edin. Sakinleşin. Sonra konuşmaya yeni başlamış gibi devam edin.

Saatinizi Görün

Konuşmaya başlamadan saatinizi masanızın üzerine veya göreceğiniz bir yere koyun. Size ait konuşma süresi varsa, bu süreyi aşmayın. Konuşmanızı saatinize göre ayarlayın. Eğer konuşmacı olarak yalnız siz varsanız, yine saati unutmayın. Etkili ve başarılı bir konuşmanın, etkili bir dinleme ile sağlanacağını unutmayın. Etkili bir dinleme süresinin 25-35 dakika olduğunu da.

Bu arada karşınıza sizi dinlemek için gelen insanların, iyi birer dinleyici oldukları veya olmaları gerektiği gibi bir yanlış fikre asla kapılmayın. Kimse sizin için keyfinden vazgeçmez. Bu yüzden zamana dikkat. Konuşmanız uzunsa ara vermeyi ihmal etmeyin.

Sesi Kullanmak

Sesinizin etkili konuşmaya uygun olmadığını düşünüyor olabilirsiniz. Eğer televizyon-radyo spikerlerini dinleyip, seyredip bu kanıya vardıysanız, haklı da olabilirsiniz. Unutmamanız gereken tek şey, herkesin televizyon-radyo spikeri olabilecek sese sahip olmasının gerekli olmadığıdır. Kendinize haksızlık etmeyin. Beceriksizliğinizi de bu yolla örtmeye çalışmayın. Önemli olan, sesinizi tanıyıp, onu kullanmayı öğrenmenizdir.

Konuşma esnasındaki tavırlarınızla sesinizin gücü birbiri ile bağlantılı olsun. Hareketleriniz kızgınlığı ifade ederken, sesinizin hiçbirşey yokmuş gibi çıkması, konuşma gücünüzü, etkinizi düşürür. Eğer bu uyum sağlanırsa başarınız artar.

Ayrıca: Sesinizi dinleyicilerin işiteceği şekilde ayarlayın. Kelime vurgularına dikkat edin. Kelimeleri olması gerektiği gibi söyleyin. Şive, ağız hatalarından uzaklaşın. Dilde, canlı ve esnek bir yapıya bu şekilde ulaşabilirsiniz.

"Resulullah (s.a.v.) Kur'an okurken, bir kısım ayetlerde sesini daha fazla yükseltir bazılarında ise alçaltırdı. Sesini konuya ve dinleyenlere göre ayarlardı"(Et-Tirmizi)

Sabırlı Olun

Herkesin sizin kadar çabuk anlamasını beklemeyin. Çünkü siz anlattığınız konuyu enine boyuna düşünmüşsünüzdür. Ama karşınızdaki yeni duyuyor olabilir. Onlara algılama fırsatı tanıyın. Sinirlerinize hakim olmak zorunda olduğunuzu unutmayın. Çünkü onlar konuyu sizin kadar iyi bilselerdi, dinlemeye gelmezlerdi.

Hedef Kitlenizi Tanıyın

Mühendislerin bulunduğu bir grupta, çiçeklerin içinde bulunan maddelerin, Latince adlarından; doktorlara hitap ederken bilgisayar panellerinden... bahsederseniz baştan kaybedersiniz. Bu yüzden önce karşınızdakileri iyi tanıyın. Sonra onların anlayacağı açık bir dille konuşun. Dilinizi sizi dinleyenlere göre ayarlayın. Cümleleri onların anlayacakları kelimelerden oluşturun.

Emir Vermeyin

Konumunuz emir vermeye müsaitse bile, emir vermekten kaçının. Dinleyicinizi ikna yolu ile etkileyin. Başarınızı farkedeceksiniz. Karşınızdakileri asla küçük görmeyin. Çünkü siz anlattığınız konu ile ilgili çok şey biliyor olabilirsiniz. Başka bir konuda dinleyicilerin anlatacaklarına muhtaç olduğunuzu unutmayın. Ayrıca konumunuz (statünüz) ne olursa olsun, geçici olduğunu aklınızdan çıkarmayın.

Karşı Tarafı Savunmaya İtmeyin

Anlamsız bir şekilde karşınızdakileri ya da onların değerlerini, liderlerini eleştirmeye kalkarsanız, konuşmanız tam bir fiyasko ile neticelenir. Eleştirilerinizi mutlaka söyleyecekseniz ikna yollarını kullanarak bunu yapın. Cevabî durumlarda, konulara duyarlı yaklaştığınızı ve makûl olduğunuzu dinleyici mutlaka hissetsin. Savunmaya geçen dinleyici, kabul edeceği fikirleri de dinlemeden, anlamadan reddeder.

Konuşurken veya Dinlenirken Gereksiz Hareketler Yapmayın

Sigara ile ilgilenmek, ayağını sallamak, parmak çıtlatmak gibi sinir bozucu hareketler, vermek istediğiniz fikirlerin önüne büyük ve yıkılmaz bir set gibi dikilir.

Dinleyin

Konuşmanız esnasında dinleyicilerden biri bir soru soracak olursa, birşey söylecek olursa, onu can kulağı ile dinleyin. Siz dinleyiciyi dinlerseniz onlar da sizi dinleyecektir.

Konuşmayı Nasıl Bitirmeli?

Son söz, ilk söz gibi en çok hatırlanacak, zihinde en kalıcı yere sahip olacak bir öneme haizdir. Bu sebeple, lütfen, sözün bitirilme biçimine çok dikkat edin.

Son sözlerinizi mutlaka önceden plânlayın. Konuşmanızı, konuya, dinleyicilere ve ortama göre uygun olan bitirme yollarından birisi ile neticelendirin.

Gelin Şu Dünyayı Değiştirelim

Sözlerinizin tamamında amacınız, bir eylem yapmaya yönelik ise, dinleyicilerin hislerine yönelerek konuşmanızı bitirin. Heyecanı ayaklandırarak istediğiniz sonuca ulaşabilirsiniz. Kelimeleriniz yüreklendirecek, vaad yüklü ise sonuca ulaşmanız daha kolaylaşacaktır. Böyle bir konuşma, muhatapların hareketlerini sağlayacak... Hareket varsa hızlandırılacaktır.

Dozunu iyi ayarlayamadığınızda, eylem çağrınızın istenmeyen sonuçlar doğurabileceğini gözardı etmeyin.

Eğer bir eylem bekliyorsanız ve bu eylemin o an gerçekleşmesini istiyorsanız, bunu çok açık bir şekilde anlatın. Ne yapılacağını söyleyin. Eylemde yoruma firsat vermeyin.

Nasrettin Hoca'nın Biri

Konuşma konusu ve ortamı yeterince uygun ise konuşmanızı bitirirken fıkradan yararlanabilirsiniz. Eğer konuşmanızı fıkra anlatarak bitirecekseniz, anlattığınız fıkranın konuşmanızın temel amacından ayrı olmamasına özen gösterin. Bu şekilde, amacınızı özetleyen fıkralar dinleyicilerin kafasından yıllarca silinmez.

Şu Boğaz Harbi Nedir Var mı ki Dünyada Eşi?

Bir mısra, bir dize, bir beyit de konuşmanızı çok güzel bitirmenizin anahtarı olabilir. Uygun ortamda en uygun şiiri kullanmak başarınızı arttıracaktır. Kısa ve dinleyicilerin tepkisini almayacak bir şiirle bitirin.

Resulullah (s.a.v.) bazen, kafiyeli de konuşurdu. "Allah'ın hükmü daha doğru ve adil. Allah'ın şartı daha kuvvetli ve muhkem" gibi.

....'ın da Dediği Gibi

İnsanların, sevdiği ya da etkilendiği kişilerin sözlerine karşı zaafları vardır. Bunlardan yararlanarak iyi bir konuşmayı, bir eserden ya da kişiden alıntı bir söz ile iyi bir sonuca bağlayabilirsiniz. Bu yöntem en çok kullanılan, en kolay yöntemlerden biridir.

Dorukta Nefesi Kesmek

Etkili bitirme şekillerinden birisi de, anlattığınız konuyu amaç doğrultusunda yönlendirip, heyecanı zirveye ulaştırıp, sonuca bağlamadan, yoruma açık olarak bırakmaktır.

Eğer konuşmacının amacı kendi fikrini belirtmemekse, baştan beri buna dikkat etmişse, bu bitirme şekli onun için çok önemli bir farzdır.

Bu tarzı kullanan, sonuçta yoruma açık bir soru sorarak da konuşmasını noktalayabilir. Aynı sonuca ulaşır

"Benim Konuşmam Böylece Bitti!"

Yapabileceğiniz en önemli bitirme hatalarından birisi, konuşmanızın sonunda, anlatacaklarınızın bittiğini söylemenizdir. Konuşmanızı bitirin ama, asla bitirdiğinizi sözle söylemeyin.

Özet

Konuşmanızı bitirdikten sonra, dinleyicilerden dinlenme isteği devam ediyor ise anlattıklarınızı özetleyerek konuşmanızı bitirebilirsiniz. Başlıkları ve temel amaçtan bahsedin.

Ama lütfen özet olsun. Yeni bir konuşma değil.

Göreceksiniz İyi Olacak

Konuşmanızı parlak bir geleceğe olan özlemin vaade dönüştürülmüş şekli ile bitirebilirsiniz. İleriye dönük bir zaman dilimi içinde neler olacağını, olabileceğini, his ve heyecan unsurunu da katarak belirtmek, etkili bir bitirmenin son sözleri olabilir.

Eleştirel Dinleme

Eğer, çevrenizde yapılan konuşmaları "eleştirel dinleme" tekniği ile dinlerseniz, başarılı konuşmanın maddelerini kendiniz sıralayabilirsiniz. Veya, konuşmada başarısız noktaları tesbit edebilirsiniz. Böylece kendi eksiklerinizi giderme şansınız artar.

Eleştirel dinlemede dikkat!..

- Konuşmacı, kimlere karşı konuştu? Eğitim seviyeleri ne idi? Sosyal durumları ne idi?
- Niçin böyle bir konuşma yapıldı?
- Konuşma yapılan yer, konusuna uygun mu idi?
- Konuşmanın türü ne idi? Birşeyleri mi açıkladı, yoksa bizi mi eğlendirdi?
- Konuşmacı anlattıklarına inanıyor muydu?
- Dinleyenler konu ile ne kadar ilgilendi?
- Ses ve görüntü cihazları ile konuşma desteklendi mi?
- Konu yeterince açıklanabildi mi?
- Giriş ve sonuç cümleleri yeterince etkili miydi?
- Uygun örnekler verdi mi?
- Anlattığı olay ve fıkraların konu ile ilgisi ne kadar güçlüydü?

- Konuşmacı kendine güveniyor muydu?
- Konuşmacı heyecanlı mıydı?
- Resmî bir dil mi kullandı?
- Yazı dili mi kullandı?
- Konuşmacı saldırgan mıydı?
- Kelimeleri düzgün telaffuz edebildi mi?
- Aynı kelimeyi gereksiz yere tekrarladı mı?
- Gramer hataları yaptı mı?
- Düşüncelerin mantık sırası yeterli miydi; yoksa konudan konuya mı atladı?
- Konuşma aralarında "eee, aaa" gibi laf uzatmaları yaptı mı?
- Sesini normal, işitilebilir şekilde kullandı mı?
- Ses canlılığı yeterli miydi? Yoksa monoton bir konuşma mı yaptı?
- Konuşmacı, dinleyicileri gözleri ile takip etti mi? Yoksa gözlerini etrafta mı gezdirdi?
- Jest ve mimiklerini gerektiği gibi kullandı mı? Yoksa hareketleri anlamsız mıydı?
- Kıyafeti, saçı, sakalı düzgün müydü?
- Dinleyiciyi etkiledi mi?
- Dinleyici severek mi dinledi?

Hz. Muhammed (s.a.v.)'in Hitabetinde İncelikler

Kılık kıyafet:

Peygamber (s.a.v.) konuşma için özel bir elbise giymez ancak, temiz giyinirdi. Özel elbise için, "bulabilen bir kimse, iş elbisesinden hariç olmak üzere, Cuma günü için, bir elbise tahsis etse ne zararı olur" şeklinde tavsiyede bulunmuştur.

Saç sakal:

Peygamber (s.a.v.) saç ve sakalın, düzgün olmayan, karışmış halini iyi karşılamazdı. Kendisi saçını, uzun ya da kısa da olsa, mutlaka düzenli tutardı. Ve bunu tavsiye ederdi.

Ses:

Peygamber (s.a.v.) konuşmaları esnasında çevresindekilerin durumuna göre ses ayarlaması yapardı. Kimseyi, sesinin azlığı ya da çokluğu ile rahatsız etmezdi. Konuşurken ayağa kalkması, minbere çıkması, buna örnektir. Ayrıca rahatsız olduğu dönemde, sesi az çıktığından, cemaatin kendisine yaklaşmasını istemiştir. Böylece konuşmanın etkisini arttırmıştır.

Yani Peygamber (s.a.v.), dinleyicilerin çokluğu ve azlığı ile konuya göre sesini ayarlardı. Hitabetlerini ona göre gerçekleştirirdi.

Jest:

Peygamber (s.a.v.) konuşma esnasında parmaklarını, avuçlarını, kollarını kullanarak anlattıklarını desteklerdi. Böylece göze de hitap edip, konuşmanın kolayca anlaşılmasını sağlardı. Ayrıca büyük topluluklar karşısında, asasından da yararlandığı olmuştur.

Mimik:

Peygamber (s.a.v.) bir konu anlatırken, söylediklerini ve ardından gelecek olanları yüzünden okumak mümkündü. Dinleyici, dinleyip, görüp, hissederek olayı yaşamış ve tatmin olarak kabullenmiş oluyordu.

Konuşma yeri:

Resulullah (s.a.v.) dinleyicilerin azlığı ve çokluğuna göre, konuşma yeri seçerdi. Cemaat çok olduğunda, yüksekçe bir yere çıkar veya ayağa kalkardı. Az olduğunda, yanlarına otururdu.

Genel bir özet halinde anlattığımız Peygamber (s.a.v.)'in hitabet şekli incelendiğinde, bugünün modern ve doğru hitabet tarzının tamamını kullandığı ortaya çıkmaktadır. Yani, onun hitabeti incelendiğinde, bugünkü konuşma kuralları kendiliğinden ortaya çıkmaktadır.

Tartışmadan Önce

İnandığım bir doğru var. Yaşamım bu doğruyu, doğru anlatıp, karşı tarafı ikna etmeme bağlı. Anlatamaz isem hezimete uğrarım. Maddi ve manevi kaybım beni yokluğa iter. Bu sebeple anlatacağım. Eğer bir şeyi satmak istiyorsanız bu düşünceyi pratiğe dökmenin yollarını arayacaksınız, inanacaksınız. Satacağınız ister bir emtia olsun, isterse fikir. Kendinizi, satmak zorunda olduğunuza inandıracaksınız. Başarısızlık sizi yıldırmasın. Şunu bilin ki, herkes herşeyin alıcısı değildir. Ancak sizin satmak istediğinizin mutlaka bir yerlerde alıcısı vardır. "İkna edeceğim kazanacağım, kazancımla ***yaşayacağım.***" Bu anlayışı yıllar yılı başarılı satıcıların bilmeden de olsa kabullendiklerine şahit oldum. Bu insanlar ister fikir satsın, isterse mal, bu inançla anlatıyorsa ve ikna ediyorsa amacına ulaşıyorlar. Bütün bunlardan da anlaşıldığı gibi, ikna etmenin başlangıcı "***inanmak***"tır. İkinci adımı ise, inandığını tam anlamıyla bilmek ve yaşamaktır.

Tartışma Sırasında Dikkat

Sattığınız veya karşınızdakilerin inanmasını istediğiniz fikirleriniz ihtiyaçları giderecek özellikleri taşımalı. Karşınızdakiler, fikrinizin getireceklerine ihtiyacı olduğunun farkında değilse, önce bu ihtiyacı ortaya çıkartın. Mesela, özgürlüğün, hak ve ihtiyaç olduğuna inanmayan birinden, özgürlüğü savunmasını bekleyemezsiniz. Önce özgürlüğe ihtiyacı olduğunu kabul etmesi gereklidir. Ondan sonra özgürlüğe giden yolda size yandaş olabilir.

Bu tür tartışmalarda genelde olumlu sonuç alınır. Ancak, unutmayın; zor, oyunu bozar. Karşıdakini zorlamayın.

Tartışma yolu ile başarmanın bir yolu da, insanların duygularına hitab etmektir. Mantığın insan beynini yönlendirdiği yadsınmaz bir gerçektir. Fakat, bilinen diğer bir gerçek de, duyguların mantığı yönlendirdiğidir. Mesela, tartışmada, önce karşınızdakilerin doğrularını övdüğünü düşünün. Şahsiyetini ve kişiliğini övdüğünüzü... Yelkenlerin suya indirileceğine emin olabilirsiniz.

Tartışırken insanların yeniliklere açık olacağı gerçeğini gözardı etmeyin. Anlatacaklarınız yeni değilse, farklı, yeni uslûpla anlatmanız, insanların bu yönüne hitap edebilir. Böylece, daha kolay etkileme şansına sahip olursunuz.

Ancak, insanların her yeniliği de kabulleneceklerі anlamı çıkmasın anlattıklarımdan. Çünkü insanların çoğu tutucudur. Değişim bu tür insanlarda çok yavaş gerçekleşir. Bir konuşma bir tartışma yeterli olmaz. Ayrıca insanlar, alışkanlıklarından kolay kolay vazgeçmek istemezler.

Herhangi bir tartışmada kazanmanız, karşı tarafı ikna ettiğiniz anlamına gelmez. Tartışmayı kazanmanız karşıdaki insanı ilelebet kaybetmenize sebep olabilir. Her zaman böyle olacağını da söylemek istemiyoruz. Ayrıca, tartışmayı kaybetmek de karşıdaki insanı kazanmak anlamına gelir demek değildir.

Tartışma boyunca hiçbir itirazla karşılaşmıyor iseniz, genellikle karşınızda fikirlerinizi alacak kimse yok demektir. Mantıklı itirazlar, karşınızdaki kitlelerin fikirlerinizi tarttığının delilidir. Önemli olan bu itirazları, mantıklı ve tutarlı cevaplamanızdır.

Tartışma esnasında, karşınızdaki sizi sürekli bir konuya çekmeye çalışıyorsa, aynı şekilde bu konudan uzaklaşın. Ve karşınızdakine daha sonra bu konuyu da açıklayacağınızı belirtin.

Böylece konuyu siz yönlendirin. Gereken bilgileri aktardıktan sonra onun sorusuna cevap verin. Genel bilgiler esnasında sorusunun cevabını aldı ise zaten probleminiz de kalmaz.

Tartıştığınız insanlara değer verin. Onlar da kendilerine değer verdiğinizi farketsin.

Tartışmaya, konunun karşı tarafın mutlaka kabul edeceğine inandığınız bir bölümü ile başlayın. Ortak problemlerinizi ortaya koyarak bunu sağlayabilirsiniz.

Tartıştığınız insanlara, sizin fikirlerinizi kabul ettiklerinde, neler kazanacaklarını açık açık söyleyin. Onların düşüncelerine asla saldırmayın.

Tartışırken

4 D kuralına uyun. (DDDD)

Yani, Dikkatli Dinleyin, Dikkatli Dinletin.

Bunun nasıl sağlanacağının cevabını ise kitabın, güzel konuşma ve etkilemeyi anlatan bölümlerinde vermiştik. İsterseniz, bir daha gözden geçirin. Söylemek istediğimiz; güzel konuşma kurallarına dikkat!

Bu arada, her zaman haklı olamayacağınızı aklınızdan çıkarmayın.

İtiraz

Eğer dinleyici sizin gibi düşünmüyor ise itiraz edecektir. Bu çeşit bir itirazla karşılaşıldığında, hemen dinleyicilere yanlış düşündüklerini söylemeyin. Sizin ne demek istediğinizi anlatırken, onun da somut olarak neye itiraz ettiğini ve niçin itiraz ettiğini anlamaya çalışın. Gidermek daha sonraki aşama.

Tartışmalarda Niçin İtiraz Edilir?

Tartışma esnasında, insanların neye ve niçin itiraz ettiklerini genel olarak bilirsek, gidermek kolaylaşacaktır.

Hedef'in tartışma esnasındaki durumu: Eğer, ikna etmeye çalıştığınız kişi statü olarak sizden yukarıda ise itiraz kaçınılmazdır. Çok az örnek bunun dışında kalır.

Zaman ve Ortam

Dinleyicinin, anlatmak istediklerinizi dinleyecek ortam ve zamanı yoksa, dinleyici alel acele itiraz yoluna gidebilir.

Ben Bilmezsem Sen de Bilmezsin

Konuşma, 'sen anlamazsın, en doğrusunu ben bilirim', noktasında yoğunlaşırsa savunmaya geçen dinleyicinin, itiraz etmesi normal karşılanmalıdır.

Dış Görüntü

Dış görünüşünüz, kılık kıyafetiniz güven vermiyor ise dinleyicinin itirazı, konuşmanız başlamadan önce dinleyicinin zihninde başlamış demektir.

Alışkanlık

Bazı insanlar, itiraz etmeyi alışkanlık haline getirmişlerdir. Ne yaparsanız yapın bunlar itiraz ederler. Salim kafa ile düşünme ve hak verme işlemini o tür insanlar sonraya bırakırlar.

Tatminsizlik

Anlatılanlar dinleyiciyi tatmin etmiyorsa itiraz yoluna gider. Bu tür itirazlar olumlu sonuca, sorularla ulaşır. Bu tür itirazlar genelde mantıklı ve tutarlıdırlar.

Kapalı İletişim

Karşınızdaki, anlattığınız fikre kapalıdır. Ancak bunu açıkça söylemekten kaçınır. Bu sebeple sudan bahaneler bulur, itiraz eder. Ayrıntıları yakalayıp itiraz etmeye çalışır. Amacı fikirlerinizi dinlemek değil, kendini dinletip egosunu tatmin etmektir.

Genel İtiraz Türleri

Sudan sebepler:

İtiraz etmeyi gaye edinen insanlar vardır. Bu tür itirazlar gerçek itiraz olmadığından aşılmaları kolaydır.

Öncelerden:

Daha önceki yaşamı boyunca edindiği ön yargı ve kanılar, karşınızdakinin size itiraz etmesine sebep olabilir.

Niyetiniz:

Ortalığı ve zihinleri karıştırmak amacıyla yapılan itirazlardır. İtirazcı kendi ön yargılarını anlatabileceği gibi, kulaktan dolma fikirleri de ortaya sürebilir. Amaç size itiraz yolu ile ortalığı karıştırmaktır.

İstek:

Olumlu bir itirazdır. Amaç fikir verenden, yani konuşmacıdan, daha fazla bilgi istemektir.

Statü, prestij itirazları:

Yaş ve mevki durumu dolayısı ile, bilgisini göstermek ve ispat etmek isteyen dinleyici de, iyi bir itiraz kaynağıdır.

Özel İtiraz:

"Fikirleriniz doğru olabilir, beni tatmin de edebilir ama yine de anlamıyorum" diyenler de çıkacaktır. Bunların itiraz sebepleri, ya anlatıcının ya da itirazcının cahilliğinde yatar.

Baskı:

Dinleyici, kendisine baskı yapıldığını hissederse, itiraz hakkı kendiliğinden doğar. Adil, dürüst, centilmence hareket etmek böyle bir itirazı ortaya çıkmadan yok eder.

Genel Anlamda İtirazları Halletmenin Yolları

1- Karşınızdakilerin fikirlerine, anlatmak istediğine saygılı olun.

2- Dinleyicilerin sinirlerini bozacak şekilde anlatmayın.

3- Karşınızdaki tamamen hatalı bile olsa, onu karşınıza almayın. Konuya başka bir açıdan yaklaşın.

4- Bazı insanlar bilgiçlik taslamaktan hoşlanır. Bırakın yapsınlar. Anlattıkları doğruları, gururunu okşayacak şekilde tasdikleyin. Sonra kendi düşüncelerinizi aktarın.

5- Kendinizi dev aynasında görmeyin. Unutmayın, anlatacaklarınızı öğrenmeden önce, siz de dinleyici gibiydiniz.

6- Konuşmanızı cevaplara yönlendirin. Net ve kısa cevaplar verip, karşı tarafa da ima ile de olsa tasdik ettirin. Yarım yamalak cevap vermeyin. Hatta emin olmak için "Cevaplamadığım kaldı mı?" diye sorabilirsiniz. Onları da giderecek vaktiniz yoksa uzatmayın.

7- Fikirlerinizi anlatacağınız kitleyi, fikirleriniz kadar iyi tanımaya çalışın.

8- İtirazları halletmenin önemli yolu hazırlıklı olmanızdır. Gereken cevapları tatmin edici bir şekilde verirseniz problemler ortadan kalkar. Karşınızdaki insanı cevaplarken ona düşünme fırsatı verin. Düşünme fırsatı olmayan dinleyici, size karşı koyabilecek ve kapalı olacaktır.

9- Karşınızdakinin fikirlerinden kabul ettikleriniz varsa bunu kullanın. Görüş birliği olduğunuz noktadan hareket edin. Kendi ekleme ve farklı düşüncelerinizi sonra belirtin. Göreceksiniz, kendisine hak verilen dinleyici itirazdan daha kolay vazgeçecektir.

10- İtiraz anında hemen cevap vermemek, düşünmek, sizi daha olumlu sonuca götürür. Bunu yaparken itirazcıya, daha açık olmasını örnekle açıklamasını isteyebilirsiniz. Böylece, itiraza daha iyi cevap verebilmek için, düşünme zamanınız artar.

11- İtiraz edileceğini bildiğiniz konular varsa, itirazcıdan önce siz dile getirin ve cevabını verin. Böylece karşınızdakinin hem direnci kırılır, hem de tatmin olması sağlanır.

12- Tartışma esnasında karşınızdakilere soru sorun. Onun cevaplarından yola çıkın. Detaylar sizi istediğiniz sonuca götürürken, itirazcı cevabı kendisi verdiğinden, karşı koyması zorlaşacaktır.

13- İtirazcıya sevdiği ve takdir ettiği insanların konu üzerindeki sözlerinden bahsedin. Sizi destekleyen bu sözler, itirazcı üzerinde olumlu etki bırakacaktır.

14- Fikirlerinizi, itirazcının somut çıkarları üzerinde yoğunlaştırın. Kendi çıkarlarının korunduğunu hisseden itirazcı, itirazdan vazgeçecek ya da yönünü değiştirecektir.

15- Ortak karşı olduğunuz problem veya olayları ortaya çıkartın. Sesinizin tonu ve mimiklerinizle, aynı şekilde düşündüğünüzü belirtin.

16- Konu dinleyicinin kendisi ile ilgili ise, mutlaka yumuşak olun. Konuşurken ortak çözüm (fikirlerinize ters düşmeyen) arayın ve seçenek olarak sunun. Onun seçmesini isteyin.

17- Yanlışları asla savunmayın.

18- İnsanlar, oturdukları açıdan dünyayı görürler ve duymak istediklerini duyarlar. Onlara duymaktan hoşlanacakları taraflarıile, fikirlerinizi iletmeye başlayın.

19- İnsanlara değer verdiğinizi belirtin. Ancak fikirlerinize sadık olduğunuzu da hissettirin. "Sizin fikirlerinize de saygı duyuyorum..." gibi bir ibareden kaçının, çünkü saygı duyuyorsan kabulleniyorsun demektir. Karıştırılan ise, o insanın kendine duyulan saygıdır. Doğru olan, size saygı duyuyorumdur.

20- Karşı tarafın hiddetle, hırçınca hareket etmemelerini sağlamak için onların rahatlamasına fırsat verin. Gerekiyorsa tamamen farklı bir konudan söze girin.

21- Karşı taraftan gelen heyecanlı tepkilere aynı şekilde cevap vermeyin. Bir an bekleyin. Karşıdaki kendisinin haklılığını düşündüğünüzü sanacaktır. Ortalık yatışınca kaldığınız yerden devam edin.

22- Karşınızdaki insanların fikirlerini eleştirerek uzun uzun tartışmayın. Kendi doğrularınızı anlatın. Çünkü siz ne yapmak istediğinizi onu eleştirerek değil, kendinizi anlatarak ortaya koyabilirsiniz.

23- Tanıdıklaşın. Karşı tarafla şahsi bir yakınlık kurmaya çalışın. Okul, askerlik, hemşerilik v.s. Göreceksiniz daha olumlu bir tartışma ortamı; daha az itiraz olacaktır.

24- Karşınızdakini hasım görürseniz, o da sizi aynı şekilde niteler. En doğrusu insan olarak karşınızdakine değer verirken problemi düşman ve halledilmesi gerekli mesele olarak gösterin, görün.

25- İnsanın aklına ilk gelen soru, "neden ve niçin"dir. Konuşmanızda bunlara cevap niteliği taşıyan, kesin öğeler bulundurun. İtiraz baştan ortaya çıkmasın.

26- Karşınızdaki de sizin gibi düşünür ve hareket ederse ortaya çıkabilecek iyi şeyleri belirtin. Onun gerekli, önemli bir kişi olduğunu hissettirin. Yani 'evet' derse kazanacak, 'hayır' derse kaybedecek birçok şey olduğunu, farketmesine yardımcı olun.

27- Önce, fikirleriniz uygulanmadığında ortaya çıkacak yanlışları ve aksaklıkları vurgulayın. Sonra cevaplara geçin. Bu esnada esnek ama kararlı olun.

28- Karşı taraf itiraz ederken dikkat edin. Hangi çıkarı zedelendiği için itiraz ediyor. İyi dinleyip, eleştirmeden, konuyu onun başka yöndeki çıkarına yönlendirin.

29- Unutmayın; karşı taraf size saldırdığında, asıl saldırdığı düşüncenizdir. Siz sinirlenmeyin. Mümkünse durun, düşünün ve saldırıyı problemin kendisine yönlendirin. Siz sıyrıldığınızda saygınlığınız artacaktır. Böylece itirazcı sizi daha olumlu yaklaşımla dinleyecektir.

30- Sorun. Eğer mümkünse itirazcının itirazı karşısında sorular sorun. Kendi itirazına cevap vermesini sağlayın. İstediğiniz noktaya gelince, siz devam edebilirsiniz.

31- Eğer karşınızdakinin saçmaladığına inanıyorsanız... "Söylediklerinizi doğru anlamış mıyım?" diyerek tekrar edin. Onun sözleri sizin ağzınızdan çıkınca kulakları, yanlışlıkların farkına varacak ve düzeltme yoluna gidecektir.

32- Haklı olduğunuz noktaları vurgulayın. "Bu insanlar için yaptıklarınızı, düşündüklerinizi taktir etmemek mümkün mü... Ama..." şeklinde devam ederek yöntem hatalarını ortaya koyabilirsiniz. Hem de az itirazla.

33- Anlattıklarının neye dayandığını sorun. Böylece itirazlara yol açabilecek gaflar yapmazsınız.

34- Tartışmayı, teşekkürle bitirip, devamını da arzuladığınızı söylemeyi unutmayın.

Tartışma Hileleri

İnsanların tarih ezberlememe alışkanlıklarından yararlanarak "1921'deki baskısındaki gibi..." şeklinde karşı tarafa aslı olmayan örnekler vermek çok kullanılan ve basit bir yöntemdir. Bu çeşit bir hile, karşı tarafın bilgisizliği gibi de gösterilmeye çalışılır. Böylece ikna yoluna gidilir. Böyle bir durumla karşılaştığınızda, bu olaydan veya tarihten haberdar olmadığınızı söylemekten çekinmeyin. Herkes, herşeyi bilmek zorunda değildir. İkinci bir tartışmada bu yanlış, sizin elinizde önemli bir koz olabilir.

Gerçeklerin yarısını ortaya koyarak, karşı tarafı etkileme yoluna gitmek. Eğer siz konuyu, yani karşı görüşü tam bilmiyor iseniz, şansınız azdır. Bu durumda karşı tarafı, daha çok konuşmaya ikna etmeye çalışmak, en iyisi. Konuya hakim oldukça bu hileden kendinizi koruyabilirsiniz?

Karşı tarafın sahasında raksetmek. Psikolojik faktörlerden yararlanıp, tartışma yerini belirleyin. Karşı tarafın yeri ya da onların fazla olduğu yer, onlar için bir avantaj olduğunu unutmayın. Tersi de sizin için avantajdır.

Kıyafetiniz ve ruh halinizle ilgili saldırıya geçebilirler. Bunu şahsınıza kabul edip sizin yanlış yönlenmenizi sağlayabilirler. Bu tartışma hilesi ile karşılaştığınızda, saldırıyı düşüncelere yönlendirin. Kıyafetiniz, ruh haliniz, kişiliğinizle övüldüğünüzü hissettirin. Aşağılık kompleksine kapılmazsanız bu hileyi kolay atlatırsınız.

Sabır...

Ben de... Bir kişi sizinle kıyasıya tartışırken, ikinci bir kişi sizi destekler görünür. Bu doğru olabileceği gibi, tersine ilerleyen zamanda, *'iyi adamı oynayan, güvenilir kişi'*, hilesine kanmayın. Karşınıza çıkıp sizi etkileyebilir. "Ben de senden yanayım".

Dikkat

Aşırı sayıda soru ileri sürüp, sizi sürekli bunları cevaplamaya itebilirler. Karşı tarafa, "Amaçlarının gerçekten tartışmak mı, yoksa sizi konuşturmayıp haklılığınızı örtbas etmek mi?.." olduğu açıkça sorabilirsiniz. Böylece konuyu aydınlatma şansına, bir hileyi bertaraf ederek sahip olabilirsiniz.

Tutum Nedir?

Sakın bana 'ne?' demeyin. Konuşma yoluyla ikna etmenin başlangıcı tutum ve davranışları iyi bilmektir. Bilmek çözmenin çoğunu halleder; çünkü eğer karşınızdaki insanların tutum ve davranışlarını, bunların da sebeplerini bilirseniz, sonuca daha kolay ulaşırsınız.

Bu cümleden olarak, tutumu kitapların dili ile şöyle açıklayalım. Tutum: Bir bireye atfedilen ve onun bir psikolojik obje ile ilgili düşünce, duygu ya da davranışlarını, düzenli bir biçimde oluşturan bir eğilimdir.

Hoppala... Hem başta, aman herkesin anlayacağı dilden konuşun diyorsun, hem de 'psikolojik obje, bireye atıf' v.s. diye ahkam kesiyorsun diye kestirip atmayın. Bunun başka tanımı yapılmıyor çünkü, kaynaklarda.

Her neyse. Ne demek istediğime gelelim. Bir örnekle açıklayalım. Sizin, babanıza, arabanıza, bisikletinize, partinize, inancınıza karşı, duygu ve düşüncelerinizin tümü ve bu düşüncelerinizin davranışa dönüşmesinin tamamını kapsar. Yani onlar hakkında ne düşünüyorsunuz? Bu düşünce doğrultusunda ne yapıyorsunuz? İşte tutum ve davranış ilişkisi budur. Karşınızdaki insanda, eğer istediğiniz yönde bir eylem(davranış) geliştirmek istiyorsanız, önce onun tutumunu öğrenin. Farklı bir tutum sergiliyorsa, değiştirmeye çalışın.

Nasıl Değiştirebilirsiniz?

Cevap gayet basit: Düşünce, duygu ve davranışlara yönelerek. Düşünce, duygu ve davranış düzeylerine örnekler verelim.

Düşünce: Hasan, çocuğunun, bir partiye kayıt olması ile takibe uğrayacağını, bu sebeple huzursuz olacağını düşünebilir. Bu ve buna benzer durumlar, tutumların düşünce düzeyinde olanına örnektir.

Duygu: Hasan, çocuğunun partiye kayıt olacağını düşündüğünde kızıp sinirlenebilir. Bu da duygu düzeyine örnektir.

Davranış: Hasan, partiye üye olmak isteyen oğluna bağırıp çağırır. Kavga eder ve izin vermeyebilir. Hatta başkalarına da aynı öğütleri vermeye kalkabilir. Bu da davranış boyutundaki tutuma örnektir.

Eğer, etki oluşturmak, yönlendirmek istiyorsanız karşınızdakilerin tutumlarını iyi sentez etmelisiniz. Karşıdakinin değiştirilir ya da değiştirilemez (zor) bir insan olduğunu önceden tespit edin.

Kimler Kolayca Değiştirilebilirler? Kimler Değişime Kapalıdırlar?

Etrafınızdaki insanları biraz gözlediğinizde, kitapların maddeleştirdiği bu insanları, kolaylıkla farkedeceksiniz.

Yani; değiştirilemiyecekler,

Değiştirilmesi zor olanlar,

Değişime açık olanlar.

Bunlar kendiliğinden karşınıza çıkacaklar. Size, bunu belirleyip etkili ve güzel konuşma ile tutum ve davranışlarına yönelmek kalıyor.

Başarılar dilemek bizden.

Değiştirilmesi Zor Olanlar

Yaşasın inandıklarım!

Sabahları yataklarından kalktığında, "yaşasın inandıklarım" diye haykıranlar. İnandığı değerleri, duygu, düşünce ve eylem noktasında hayatı ile bütünleştirenler. Onlar, değiştirilmesi neredeyse, imkansız olanlardır.

Yalnız, böyle bir tesbiti yapmak, değiştirmek isteyen için kolay değildir. Gerçek anlamı ile "yaşasın inandıklarım, bu uğurda herşeyimi feda ederim" diyen insan miktarının azlığını unutmayalım.

Genel düşünceden ödün vermekle, parçalardan ödün vermeyi de birbirine karıştırmayın. Değiştirilmesi kolay olan, şu ya da bu sebeple "yaşasın inandıklarım" düşüncesine sahip olanlar, yakaladıkları fırsatları kaçırmazlar. Genelde kitle önderleri ya da kitle hareketlerinin dinamoları bu çeşit insanlardan oluşur. Yani, *"yaşasın inandıklarım"* düşüncesini sonradan tam benimseyenlerden.

Yönlendirilmesi Kolay Olanlar

İnanç ruhunu kaybedenler:

Yaşamın zorlukları, sosyal statüsü, taklit veya daha başka sebeplerle inanç ruhunu kaybedenler, yönlendirilmesi kolay olanlar sınıfına girerler. Bu insanların inandığı değerler kendi başına kaldıklarında, önem taşır. Fakat, bir otorite ile asla karşı karşıya gelmek istemezler. Sosyal statülerinin, geleceklerinin kaygısını yaşarlar. İnançlı insanların, üniversiteye giden kızlarına, otoritenin baskısından sonra "Okulda başınızı açın, bitirince kapatırsınız" dediği, hala geçmiş dağarcığınızda olmalı. İnanç ruhunu kaybedenler, değiştirilir ve yönlendirilirken, yine de, inancı için birşeyler yaptığına, onun için bu ödünü verdiğine inanmak ister; "Kızım okuyunca daha iyi hizmet edecek" gibi... Onlar asla isyan etmezler. Boyun eğer ve boyun eğme işleminin kılıfını da hemen uyduruverirler. Bu insanları etkilemenin tek yolu, onların gözünde statü, ekonomik güç ve otorite olmanızdan geçer.

Açlık Sınırındakiler

Açlıktan ölmenin sınırlarında yaşayan yoksulların hayatı, gayeli bir hayattır... Yenen her yemek onlar için amacın gerçekleşmesidir.

İşte bu sınırda varlık ve yaşam mücadelesi verenler, maddî menfaatlerle, değiştirilebilmesi genellikle en kolay olanlardandır. 1990'lara kadar, bu kavramı işleyen sosyalizmin başarısı ortadadır. Unutulmaması gereken, bu insanların açlık problemi kalktığında, dinamiği canlı tutacak gücün sağlamlığı ve doğruluğudur.

Yani insanî olan diğer isteklerinin tümünün karşılanıp karşılanamayacağıdır.

Halkanın Dışında Kalanlar

Toplumsal hayat sürecini sağlıklı yaşayamayanlar, itilip kalkılanlar. Bu tür sebeplerle bireyselliği ön plâna çıkaran insanlar da, değiştirilmesi kolay olanlardandır. Birliktelik ihtiyacına rağmen, ancak tek başına olmak zorunda olan bu insanlar, birşeylere ait olabilmek için, değiştirilmeye açıktırlar. Ancak bu tip insanlar, sağlıksız toplumsal hayatının sonucu olarak, uyumsuzluk göstermeye devam edebileceklerdir.

Taklit Edenler ya da Ortalıkta Olanlar

"Ajda Pekkan, bu yıl saçları röfleli dolaşacak..." Bu bir gazete haberi ile verilen mesaj. Birçok genç kız ve kadının aynı şeyi yapmalarına sebep. Çünkü o, moda konusunda güvenilir bir kaynak. Gizli emri veren mesaj, yerini buldu demektir.

Kendine güveni olmayan, ezilmiş insanlardan mısınız? Öyleyseniz ilk kural, taklit edeceksiniz. Yani kolayca değiştirileceksiniz. Ta ki, üstünlük duygusuna ulaşıncaya kadar. Taklitçilik çoğu zaman bir problemi halleden en kestirme yoldur.

Taklitçilik, sempati duygusu ile gelişir. Üstün görülmeyenler taklit edilemezler.

Şayet birisini değiştirmekse niyetiniz, bu kapsamda olması kaydıyla hemen onu yönlendireceğiniz şeye sempati duymasını sağlayın. Taklit arkadan gelecektir. Gerek fikre, gerek giyim kuşama ya da başka konulara.

Cat Stevens'in müslüman olmasından sonra inandıklarını daha iyi yaşamaya başlayanları hatırlayın.

Nasipler

Yıllarca aşırı solda ve aşırı sağda mücadele vermiş insanları bugün namaz kılarken görmek mümkün. Toplum bilimciler bunu nasıl açıklarsa açıklasın, müslümanlara göre hidayet nasib olmuştur. Sebeplerin artık önemi yoktur çünkü, vakit gelmiştir. Bu tamamen dini düşünce sistemine ait bir konudur. Bu konuda değişimi sağlama yalnız yüce varlığa, Allah'a aittir. Bu noktada insanın değiştirme yönünde tasarrufu olmadığı inancı hakimdir.

Önemli Birisi Olmak İsteyenler

Önemli olmak düşüncesini yapısında taşıyanlara, o doğrultuda istedikleri mesajı etkili bir şekilde vermek, istenen sonuca ulaştırır. Yani, insanlarda var olan, önemli olma düşüncesi değişimi sağlayan etkenlerdendir. Fakat bu türlü değişimlerin sonucunun sağlıklı olduğu söylenmez. İstisnalar kaideyi bozmaz.

Değişimin Dayanılmaz Gücüne Karşı Koyamayanlar

Bir de, içinde yaşadıklarından bıkan, değişiklik arayanlar vardır; değişime açık olanlar. Bunlar genelde, aynı kapıdan çıkmayı, aynı yolu takip etmeyi, aynı telefonla konuşmayı yıllar yılı adet edinenlerden farklıdır. İyi yönlendirildiklerinde, doğruya ulaşabilirler. Ancak, değişiklik isteği içinde bir insan türü oldukları, akıldan çıkartılmasın. Yine değişebilirler çünkü.

Karşınızdakini ya da karşınızdakileri tahlil edin. Hangi yönde değişime açık olduklarını tesbit edin. O noktada onu veya onları tatmin edecek çözümleriniz varsa, etkili konuşma tekniklerini kullanarak değiştirebilirsiniz.

Konumuzun Özeti

İnsanı etkilemenin yolu, onun ne istediği hakkında konuşup, nasıl elde edebileceğini göstermektir.

Dale Carnegie

Büyük insanın büyüklüğü, küçük insanlarla kurduğu ilişkilerden belli olur.

Carlayle

Sözün mânâya kalıp gibi uyması, maksadını açıkça ifade etmesi, anlamak için düşünmeye ihtiyaç duyurmaması gereklidir.

Cafer Bin Yahya

Konuş ki, seni görebileyim.

Hamman

Dil, aklın ayak izleridir.

Francis Bacon

Kim konuşabiliyorsa, insandır. Çünkü, konuşma bilgelik, bilgelik konuşmadır.

Luther

Hikmetle, güzel söz ile rabbının yoluna davet et.

El İsra,53/ El Bakara 83

Hiç şüphe yok ki sözde, sihirleyen, müessir olan bir kudret vardır."

Hz. Muhammed

İnsanları güzel söz söylemeye davet et.

Zumer Suresi, 18

Onların içlerine işleyecek, ruhlarına nüfuz edecek söz söyle.

Nisa Suresi, 63

Resulullah (s.a.v.) kulun tevbesi sebebi ile Allah'ın memnuniyetini anlatırken, çölde devesini yitiren bir adamı misal olarak vermiştir. Dinleyiciler de bu olayı gözleri ile görür gibi olmuşlardır.

Müslim

İnsan hiç ehemmiyet vermeden bir kelime söyler. O söz sebebiyle düşüşü, cehennemde yetmiş yıl sürecek olan derin bir çukura yuvarlanır.

Et Tirmizî

Resulullah kelimelerin dikkatli seçilmesi gerektiği üzerinde durmuş ve bunu tatbik etmiştir. "Sizden biriniz abdi, emeti (kulum) diye hitap etmesin.

Müslim

Resulullah (s.a.v.) harfleri dürüst bir şekilde telaffuz ederek konuşurdu.

Ebu Davud

Safa tepesinde Peygamber (s.a.v.), etrafında toplananlara: "Ne dersiniz? Şu dağın eteklerinden, süvarilerin size baskın yapmak üzere geleceğini haber versem bana inanır mısınız?" dediğinde oradakiler: "Hiç yalan söylediğini görmedik" diyerek O'na inançlarını belirtmişlerdi.

Müslim

Resulullah (s.a.v.) konuşanı sonuna kadar dinlerdi. Sözünü kesmezdi. Sonra muhatabına cevap verirdi.

İbn-ü Hişam

Resulullah (s.a.v.) huzurunda yapılan fakat yapılmaması gereken, doğru olmayan hareketlere müdahale etmiştir. Kötü olabilecek bir sonuç, daha olmadan, sözü keserek engellemiştir.

Buharî

Resulullah (s.a.v.), sözlerini tane tane söylerdi.

Buharî

De ki: Ben sözünü zinetleme (süsleme) çabasına düşenlerden değilim.

Sâd Sûresi, 86

Resulullah (s.a.v.) Kur'an okurken bir kısım ayetlerde sesini daha fazla yükseltir, bazılarında ise alçaltırdı. Konuya göre sesini ayarlardı.

Et Tirmizî

Abdullah b. Ömer, Resulullah'ın (s.a.v.) şöyle söylediğini belirtiyor: "Şanı yüce Allah (c.c.) kıyamet günü gökleri toplayıp dürer. Sonra onları sağ eline alır: 'Melik benim. Nerede Cebbarlar? Nerede kibirlenenler?' der." Resulullah (s.a.v.) bunları söylerken parmaklarını açıp kapatıyor, "Melik benim..." der diye anlatıyordu. Minbere baktım. Tâ kökünden sarsılmakta idi. O derece ki, Resulullah (s.a.v.) ile birlikte minber devrilecek diye korkmaya başladım.

Müslim

Resulullah'ın (s.a.v.) yapılan bir işten yahut söylenen bir sözden memnun olup olmadığını yüzünden ve ses tonundan anlama imkanı vardı.

Buharî /Müslim

Resulullah (s.a.v.), "Mü'min diğer Mü'min için birbirine destek olan bina gibidir" derken parmaklarını birbirine kenetledi.

Buharî

Bir iş için müracaat eden bir kadına "Sen gözlerinde beyazlık bulunan adamın hanımı değil misin?" der. Kadın, kocasının gözlerinde "boz" olmadığını söyler. Peygamber (s.a.v.) "Gözlerinde beyaz olmayan hiçbir insan yoktur" der. Ashabı ona "Yâ Resulullah. Ara-sıra bizimle şaka yapıyorsun" deyince: "Ben şaka da olsa, sadece doğru olanı söylerim" cevabını verir.

Et Tirmizî

Resulullah (s.a.v.) minberde konuşurken asa ile minbere vurarak, bazen dikkati konuya daha çok yoğunlaştırmıştır.

Müslim

Resulullah (s.a.v.) büyük topluluklara hitap ederken şehadet parmağını yukarı kaldırarak konuşurdu.

Ebu Davud

Resulullah (s.a.v.) konuşurken tek kişiye veya tek bir noktaya bakmaz, cemaatini devamlı olarak göz kontrolünde tutardı.

Ebu Davud

Yapılan protestolara, Resulullah (s.a.v.) sabretmiştir. Aynı şekilde cevap vermemiştir. Ve bunu tavsiye etmiştir.

Buharî /Müslim

Yemin olsun ki Allah'ın Resulü'nde sizin için güzel bir numûne vardır.

Ahzab Sûresi, 21

Eğer bilmiyorsanız, zikir-ilim ehlinden sorun.

Hadis

Resulullah'ın arasında yaşadığı insanların O'na "el-Emin" lakabını layık görmeleri, O'na duydukları güvendendir.

İbnü'l Cevzî

Peygamber (s.a.v.) akrabalık bağlarına saygılı, güçsüzlerin ağırlıklarını yüklenen, fakirleri kazandıran, konuksever, musibetlere karşı yardımcı olan bir insandı.

Buharî

Peygamber (s.a.v.) Necran'dan gelen ilmi bir heyetle de İsa (a.s.) konusunda uzun bir münazara yapmıştır.

Taberî, C-III, 162-163

Maksadın ne olduğunu, ne olmadığını açıkça beyan eden, konuştuğu rahatça anlaşılan, sözü eğip bükmeden söyleyen hatip, ilk bıçak darbesi ile mafsalı bulup kemiği ayıran usta bir kasap gibidir.

El Câhiz

Konuştuğunda ağzını fazla açmana, avurdunu şişirmene lüzum yok.

El Harîmî

Yeme isteği bulunmayana yemeğini yedirme. Dinleme isteği olmayana söz söylemek için kendini yorma.

Mutarrif Bin Abdullah

Dinleyiciye gayeyi anlatmak için veya sözün önemini belirtmek için bazı kelime ve cümleleri tekrarlamak kusur değildir.

El Câhiz